Arnd Stein

Das Rechtschreibspiel

Arnd Stein

Das Recht-schreibspiel

Fehler verstehen und beseitigen

Mit 79 Diktaten und Grundwort-schatz nach der neuen Recht-schreibreform

Kösel

29. aktualisierte Auflage 2003, 180. – 187. Tausend

Druck und Bindung: Clausen & Bosse GmbH,
Birkstraße 10, 25917 Leck
Illustrationen: Klaus Böhle, Bonn
Umschlagfoto und -gestaltung: Elisabeth Petersen, München
ISBN 3-466-30549-7

Gedruckt auf umweltfreundlich hergestelltem Werkdruckpapier (säurefrei und chlorfrei gebleicht)

Inhalt

Vorbemerkung zur Rechtschreibreform und zu diesem Buch

Die Rechtschreibreform – für manche ist sie ein willkürlicher, ja anmaßender Eingriff in unsere Schreibkultur und für viele eine völlig überflüssige kosmetische Behandlung der Orthographie, die mehr Verwirrung stiften als Klarheit schaffen wird. Die Urheber dieser Neuregelung indes wollen mit ihrem Werk die Erlernbarkeit der Rechtschreibung erleichtern sowie ihre Handhabung vereinfachen – und damit nicht zuletzt alle fehlergeplagten Kinder entlasten. Denn mehr Systematik in unserer zweifellos komplizierten Schriftsprache und eine größere Durchschaubarkeit ihrer Regeln lassen ja auch auf eine allgemeine Verringerung der Fehlerzahl in Klassenarbeiten hoffen. Um die beabsichtigte Verbesserung künftiger Rechtschreibleistungen genauer abzuschätzen, habe ich 390 Diktate rechtschreibschwacher Schüler/innen der Klassen 3 bis 5 unter die Lupe genommen. Eine Auswertung der Fehler lieferte ein denkwürdiges Ergebnis: Von den insgesamt ca. 29.000 Wörtern waren ca. 3.400 falsch geschrieben – und nur 25 dieser fehlerhaften Schreibungen würden nach der Neuregelung als richtig gelten. Das entspricht einer zu erwartenden Leistungsverbesserung von lediglich 0,7%. Eine Analyse von 100 Briefen, die von Erwachsenen (überwiegend mit Hauptschulabschluss) geschrieben worden waren, führte zu einer ähnlichen Bilanz: Nach den Regeländerungen würde sich die durchschnittliche Fehlerzahl der Schriftstücke nur um 1,8% verringern.

Diese begrenzte Untersuchung ist zwar keine repräsentative Basis für eine präzise Prognose, aber ihre überaus deutlichen Resultate legen den zwingenden Verdacht nahe, dass die Rechtschreibreform nur in äußerst geringem Maße dazu beitragen kann, unsere alltägliche Schriftsprache zu vereinfachen. Demnach scheint der immense Aufwand, der für die Umsetzung der orthographischen Veränderungen notwendig ist, in einem extremen Missverhältnis zu seinem minimalen lebenspraktischen Nutzen zu stehen.

Ein wesentlicher Grund dafür wird bereits beim flüchtigen Durchblättern der neuen Nachschlagewerke offenkundig: Der Anteil veränderter Schreibweisen macht nur einen winzigen Bruchteil des gesamten Wörterverzeichnisses aus. Daraus folgt zwangsläufig, dass auch der größte Teil aller bisherigen Fehlerquellen weiterhin bestehen bleibt, wie das folgende Beispiel verdeutlichen kann:

> Am Gestade der Maas saß im nassen Gras ein weißes Häschen, das mit großem Spaß eine Glosse las und – als es ohne Hast etwas Mais und Grieß fraß – fast den festgebundenen rostbraunen Hund vergaß, der meist maßlos zubeißt, selbst wenn er bloß kurzfristig losgelassen wird.

Was ist das Besondere an diesem Satz? Abgesehen von seinem kuriosen Inhalt und von der ungewöhnlichen Ansammlung verschiedener Schreibweisen des s-Lautes wird hier jedes Wort sowohl nach dem alten als auch nach dem neuen Regelwerk korrekt wiedergegeben. Diktieren Sie den Text doch einmal Ihrem Kind, Ihrem Partner oder jemandem aus Ihrem Bekanntenkreis. Mit diesem kleinen Experiment können Sie überzeugend demonstrieren, dass die wesentlichen Schwierigkeiten bei der Wahl zwischen den Buchstaben s, ss und ß von der Neuregelung völlig unberührt bleiben.

Lediglich die künftig geltende Umwandlung des ß in ein ss nach einem kurzen Vokal sorgt für etwas mehr Systematik. Doch um fehlervermindernd zu wirken, muss diese Vorschrift natürlich richtig angewandt werden. Wer aber schon die alten Regeln nicht beherrschte, der sieht sich durch diese Neuerung nur wenig entlastet. So dürfte uns wohl auch in Zukunft die Entscheidung zwischen s, ss oder ß nicht viel

leichter fallen als bisher. Eine nennenswerte Verringerung der durchschnittlichen Fehlerzahl wird auch in diesem zentralen Problemfeld der Orthographie kaum zu erwarten sein.
Im Sinne einer wirklich vereinfachenden Modernisierung unserer Rechtschreibung, die ja für die nächsten Jahrzehnte Gültigkeit haben soll, wäre es – auch im Hinblick auf die zunehmende internationale Vernetzung der Computer – sicherlich sinnvoller und nützlicher gewesen, das altehrwürdige ß generell durch ein ss zu ersetzen.
Eine weitere neue Regel, die bei der Zusammensetzung von Wörtern nun fast immer eine Beibehaltung aller aufeinander folgenden gleichen Buchstaben verlangt, mag vielleicht einige Fehler vermeiden helfen. Denn bislang wusste so gut wie niemand, warum »Werkstatttreppe« oder »Balletttruppe« mit drei, aber »Werkstattür« oder »Bettuch« mit zwei t geschrieben wurde, obwohl die alte Regelung denkbar einfach war: Folgte auf den dritten gleichen Buchstaben ein Vokal, so fiel einer von ihnen weg. Die konsequente Beibehaltung der zusammentreffenden Buchstaben ist zwar narrensicher, lässt allerdings neue Wortblüten entstehen, die gewiss nicht nur bei Botanikern Verwunderung auslösen werden: In Zukunft müssen wir uns an Brennnesseln, Nussschalen (oder Nuss-Schalen) und an den helllichten Tag gewöhnen. Schade eigentlich, dass die Reformer das Wort »Mittag« (neben »dennoch« und »Drittel«) zur Ausnahme erklärt haben. Würde uns seine alltägliche Präsenz doch spätestens zum »Mitttagessen« daran erinnern, dass ein neues Rechtschreibzeitalter begonnen hat.
Auch die Veränderung einiger Groß- und Kleinschreibungen verfolgt eigentlich das Ziel, die zugrunde liegenden Regeln durchgängig umzusetzen. Doch bei ihrer praktischen Anwendung verdichtet sich der Eindruck: In diesem komplexen Bereich der Orthographie werden lediglich die alten Schwierigkeiten durch einige neue ergänzt. Denn nachdem wir uns über Jahre hinweg an verschiedene Kleinschreibungen gewöhnt haben, geraten wir nun auch dort wieder in Zweifel, wo wir uns bislang sicher wähnten. Künftig schreibt man nämlich z.B. »heute Morgen« oder »morgen Abend«, aber weiterhin »morgen früh« »morgens« oder »abends«; »jeder Einzelne«, aber unverändert »jeder andere«; »im Übrigen«, aber wie bisher »übrigens«; »es tut mir Leid«,

aber »ich bin es leid«. Einige Fehler indes werden wir in Zukunft nicht mehr machen können, weil uns die freie Auswahl angeboten wird, wie z.B.: »aufs Äußerste« oder »aufs äußerste«; »Dutzende« oder »dutzende«; »von Seiten«, »vonseiten« und in den nächsten Jahren noch zusätzlich die alte Schreibweise »von seiten«. Jedoch: Trotz einiger Systematisierungen wird uns die Groß- und Kleinschreibung (und wohl auch die Getrennt- und Zusammenschreibung) nach der Neuregelung kaum leichter fallen als bisher.

Daran wird auch die von der Reform verlangte Kleinschreibung der Anrede »Du« (oder »Euch«) in Briefen nichts ändern. Diese vermeintliche Vereinfachung kann zudem als subtiler Eingriff in unsere persönlichen Beziehungen empfunden werden. Denn ein groß geschriebenes Du, Dich oder Dein vermittelt unserem Gegenüber Wertschätzung und Nähe. Ein kleines »du« hingegen könnte unterschwellig emotionale Distanz suggerieren. Da wir für unsere privaten schriftlichen Mitteilungen aber keine amtliche Reglementierung brauchen, sind wir frei, nahe stehende Menschen auch weiterhin ohne orthographische Bedenken mit dem vertrauten »Du« anzureden.

Da künftig verwandte Wörter möglichst durchgängig gleich geschrieben werden sollen, gibt es einige weitere Überraschungen, wie z.B.: Stängel (wegen Stange), Gämse (wegen Gams), behände (wegen Hand) oder schnäuzen (wegen Schnauze). Diese wenigen Änderungen sind zwar konsequent, doch gemessen an unserem Gesamtvokabular haben sie ein derart geringes Gewicht, dass man ihre alte Schreibweise getrost hätte beibehalten können. Vor allem auch deswegen, weil sich Ausnahmen oft besser einprägen als Regelhaftigkeit, die nicht erkannt wird. Diese lernpsychologische Tatsache kann durch das Wort »Schlämmkreide« eindrucksvoll belegt werden: Diktieren Sie es doch einmal in Ihrem Bekanntenkreis! Wahrscheinlich schreiben es die meisten falsch, weil ihnen die Verwandtschaft mit dem Wort »Schlamm« nicht bewusst wird und sie möglicherweise eher an die Wörter »schlemmen« oder »Schlemmerlokal« erinnert werden.

Die neue Schreibung »Quäntchen« für »Quentchen« ist aus einem anderen Grund fragwürdig: Durch diese Änderung wird eine Wortverwandtschaft geschaffen, die noch nie bestanden hat. Das für die Schreibung entscheidende Bezugswort ist nämlich keineswegs »Quantum«, sondern die alte Maßeinheit Quent (= 1,67 g). Gerade weil dieses Gewicht so gering war, eignete es sich besonders gut dafür, beim sprichwörtlichen »Quent(chen) Glück« Pate zu stehen. Diese feine Nuancierung geht uns nun leider durch die fälschlicherweise erzwungene Verbindung zwischen »Quäntchen« und dem viel gröberen »Quantum« verloren.

Die vereinfachte weil großzügigere Neuregelung von Kommasetzung und Worttrennungen schließlich genehmigt uns nun auch von Amts wegen ein Stück jener Freiheit, die in der alltäglichen Schriftsprache vielfach schon immer geherrscht hat. Der offizielle Segen für mehr individuelle Gestaltungsmöglichkeit bei der orthographischen Gliederung von Gedankengängen ist aber zweifellos – vor allem für den Schulunterricht – begrüßenswert. Ob die dadurch eventuell vermiedenen Komma- oder Trennungsfehler aber tatsächlich bei der Beurteilung der gesamten Rechtschreibleistung ins Gewicht fallen – das ist allerdings stark zu bezweifeln.

Wenn wir also nach der Rechtschreibreform weiterhin kaum weniger als 99% unserer bisherigen Fehler machen, so liegt die Frage nahe: Warum hat man nicht alles beim Alten gelassen, oder aber den Dschungel der Orthographie konsequenter gelichtet, um wirklich spürbare Vereinfachungen zu schaffen (wie z.B. durch die schon seit Jahren diskutierte gemäßigte Kleinschreibung)? Aus Fachkreisen erfährt man den Grund: Die Neuregelung der Rechtschreibung ist in ihrer nunmehr amtlichen Form offenbar ein nicht sehr glücklicher Kompromiss zwischen Experten und Politikern, zwischen dem Wunsch nach weiter reichenden Veränderungen und den Bedenken gegen extremere Reformbemühungen.

Da die Rechtschreibung durch ihre Neuregelung kaum einfacher geworden ist, hat das Thema des vorliegenden Buches nichts an Aktualität verloren. Denn nach wie vor werden viel zu viele Kinder durch orthographische Fehler in ihren schulischen Leistungen und damit auch in ihrem Wohlbefinden erheblich beeinträchtigt. Um solch betrüblichen Erfahrungen entgegenzuwirken, bietet dieser Elternratgeber ein systematisches Lernspiel an, mit dem sich Fehler ohne großen Zeitaufwand schrittweise beseitigen lassen. Es ist nicht am grünen Tisch entstanden, sondern wurde in langjähriger praktischer Arbeit entwickelt. Ohne die eifrige Mitarbeit zahlreicher rechtschreibschwacher Kinder wäre nicht deutlich geworden, dass jeder einzelne Fehler nichts anderes als ein kleiner Irrtum ist, den man mühelos verstehen und dauerhaft beheben kann. Und ohne das Engagement und die Geduld ihrer Eltern hätten die einfache Handhabung und der hohe Wirkungsgrad dieser Methode kaum nachgewiesen werden können. Danke schön!

Dank auch an zahlreiche Lehrer, Pädagogen und Psychologen, die manchen Gedanken des Buches zurechtgerückt und manche Formulierung geglättet haben.

Besonderer Dank gilt dem Bonner Karikaturisten und Illustrator *Klaus Böhle*. Aus seiner Feder stammt jenes kleine »knuffige« Fabelwesen, das den Kindern den – zugegeben – trockenen Stoff der Rechtschreibung schmackhafter machen und dem Leser einige Augenblicke des Schmunzelns vermitteln soll.

Im letzten Teil des Buches werden Grundwortschatzlisten für das 1. bis 6. Schuljahr sowie für diese Klassenstufen systematisch aufgebaute Diktate angeboten. Das nach den neuen Rechtschreibregeln aufbereitete Übungsmaterial orientiert sich an den jüngsten Erkenntnissen der Sprachforschung und -didaktik. Es wurde von *Rita Schafferhans*, Lehrerin und Fachleiterin für Sprache, in wahrer Pionierarbeit während ihrer langjährigen Unterrichtstätigkeit praktisch erprobt und für das Rechtschreibspiel zusammengestellt. Vielen Dank dafür!

Und schließlich noch der Hinweis, dass in Ergänzung zu dem Lernspiel eine Entspannungs-CD mit einem neuartigen mentalen Training zur Steigerung der Konzentration und zum Abbau möglicher Misserfolgsängste entwickelt wurde. Die Bezugsquelle befindet sich am Ende des Buches.

Allen fehlergeplagten Kindern und Eltern drücke ich von Herzen die Daumen!

Arnd Stein

Rechtschreiben – ein Kinderspiel?

Die Tücke des Objekts

Es war einmal ein kleiner Junge, der verbrachte die Ferien auf dem Bauernhof seiner Großeltern. In einem Brief an seine Eltern schrieb er: »... und gestern habe ich eine Eidexe gefangen.« Seine Mutter, die den Brief dem Vater vorlas, schüttelte bei diesem Satz missbilligend den Kopf. »Aber was hast du denn?«, fragte der Vater erstaunt, »warum soll er denn keine Eidechse fangen?« Gegen das Fangen einer Eidechse hätte die Mutter auch nichts einzuwenden gehabt; sie hatte lediglich etwas gegen eine – »Eidexe«. Aber dieser kleine Unterschied blieb dem Vater als Zuhörer verborgen. Ja, er hätte nicht einmal verwundert dreingeschaut, wenn sein Sohn eine »Eideckse«, eine »Eidekse«, eine »Eidächse« oder gar eine Aidäxe« gefangen hätte. Der Knirps hingegen war sich seiner Sache völlig sicher gewesen; denn gerade noch hatte er in seinem Märchenbuch von einer Hexe gelesen – und das war weder eine »Heckse« noch eine »Hechse«.

Uns Erwachsenen sind diese Fußangeln der Rechtschreibung natürlich geläufig. Wenn wir zum Beispiel an einem heißen Sommertag ächzend nach einem erfrischenden Getränk lechzen, dann sind die Buchstaben »ä« und »e« sicherlich unser geringster Kummer, zumal wir ja sowohl eine Schänke als auch eine Schenke aufsuchen können. Wenn wir uns an einer Säule den Kopf stoßen, werden wir mit Sicherheit eine Beule und keine »Bäule« bekommen. Neue Saiten werden eigentlich nur von

einem Musiker aufgezogen, während jeder von uns – auch ohne Musikinstrument – neue Seiten entdecken kann. Wer öfter mit orthographisch schwieriger Materie arbeitet (wie beispielsweise mit Batterien oder Bakterien), wer ferner schon viel fotografiert und vervielfältigt hat, dem fielen die Tücken der Rechtschreibung sicherlich schon häufiger auf. Aber auch diejenigen, die weniger mit Fremdwörtern umgehen, haben das Problem nun gewiss fast erfasst. Immer wieder stolpern wir über scheinbar simple Buchstabenkombinationen, weil in unserer Rechtschreibung die Ausnahmen oftmals die Regel sind. Gleichklingende Laute können ganz unterschiedlichen Buchstabenfolgen entsprechen und dieselben Buchstaben können ganz unterschiedlich gesprochen werden. Mal gilt eine Regel, mal gilt sie nicht – mal gibt es eine Regel, mal gibt es keine. Das ist der Grund dafür, dass es zwar Hexen, aber keine Eidexen gibt, dass wir uns nie an einer Seule den Kopf stoßen und deshalb auch nie eine Bäule bekommen können.
Kinder im Vorschulalter wissen von all diesen Fallstricken natürlich noch nichts. Das ist auch gut so. Schließlich haben sie ja noch genug damit zu tun, die seit ihrem ersten Schrei immer wieder erprobten Lautäußerungen in eine sinnvolle Reihenfolge zu bringen – Worte zu formulieren, Sätze zu bilden. Und wie viele »Stolperschwellen« muss ein Kind dabei überwinden! Allein die saubere Aussprache der Konsonanten ist für manches Kind ein schier unüberwindliches Problem, das ihm – man denke zum Beispiel an das Lispeln – bis ins hohe Alter zu schaffen machen kann. Während das Kind also noch ganz damit beschäftigt ist, seine sprachlichen Fähigkeiten zu erweitern und zu festigen, hat es mit dem Schuleintritt ganz unvermittelt eine völlig neuartige Aufgabe zu bewältigen. Es muss nun das, was es bisher nur gesprochen hat, mit Hilfe von seltsamen Zeichen, die man Buchstaben nennt, niederschreiben. Aus *hörbaren* Lauten werden auf einmal *sichtbare* Kombinationen bestimmter Symbole – die Sprache wird verschlüsselt oder wie man auch sagt: *kodiert*. Und dabei macht jedes Kind die Erfahrung, dass alles bislang mühsam Erlernte gar nicht mehr so recht stimmt. Widersprüche treten auf: Gleiches ist nicht mehr gleich, und Verschiedenes kann plötzlich gleich werden. Ein »ai« gleicht nicht unbedingt dem anderen, und ein »oi« wird fast immer zum »eu« oder zum »äu«. Ein »g«

erscheint zuweilen im phonetischen Gewand eines »ch« (was viele Kinder gar nicht »lustich« finden), und »f« hört sich an wie ein »v«, auch wenn es zuweilen im altehrwürdigen Gewand eines »ph« oder – wer kennt schon den Grund? – in Gesellschaft eines »p« erscheint (wie bei Pflaume oder Pferd). Natürlich gibt es in der Schriftsprache auch eine lautgetreue Wiedergabe. Das gilt aber nur, wenn das Kind tatsächlich hochdeutsch spricht. Besonders gravierende Diskrepanzen zwischen Lautäußerung und Schriftsymbol treten nämlich dann auf, wenn das Kind in einem Dialekt, in einer Mundart, groß geworden ist oder – was eigentlich die Regel ist – wenn seine Sprache durch regionale Klangfärbungen Lautveränderungen unterliegt.

Das etwa ist – lernpsychologisch gesehen – die Ausgangsposition eines Kindes, das seine ersten schriftlichen »Gehversuche« unternimmt. Und deshalb sollte es uns nicht wundern, wenn ein Kind beim Schreiben Fehler macht. Im Gegenteil: Ist es denn nicht schon ein Wunder, wenn es einem Kind innerhalb von drei, vier oder fünf Jahren gelingt, das meiste von dem, was es denkt oder fühlt, durch Worte auszudrücken? Und ist es nicht erst recht faszinierend, wenn es nur wenige Jahre später all diese Worte – mehr oder weniger fehlerfrei – zu Papier bringen kann? Nur: Wo kompromisslos Normen gesetzt und Anforderungen gestellt werden, da neigt man allzu schnell dazu, Außergewöhnliches zur Selbstverständlichkeit zu degradieren. Das eigentlich Normale aber – Fehler zu machen und durch diese Fehler zu lernen – wird häufig als »gestört« oder gar »krank« abgestempelt.

Wenn ein Kind sein Diktat zu Hause vorzeigt, sollten Eltern immer daran denken: *Jedes richtig geschriebene Wort ist ein kleines Wunder!* Denn jedes einzelne Wort ist für das Kind eine neue Aufgabe, mit der es sich auseinander setzen muss, nicht selten sogar ein echter Konflikt, der nur mit großer Anstrengung gelöst werden kann. Wer seinem Kind wirklich weiterhelfen will, der muss zunächst versuchen, dessen Situation während eines Diktats zu verstehen und seine – oft »gemischten« – Gefühle bei der Rückgabe und beim Vorzeigen des Arbeitsheftes nachzuempfinden. Schreiben wir deshalb selbst ein Diktat! Lassen Sie sich doch bitte den folgenden Text diktieren – natürlich, ohne ihn vorher zu lesen:

Neue Schreibweise*

Max könnte den Wechsel vom Stadtleben zur ländlichen Idylle in Liechtenstein genießen, wenn er das rhythmische Stakkato der Häckselmaschine nicht ertragen müsste. Eine missliche akustische Störung! Deshalb ging er in den Keller, um sich dort ein bisschen zu beschäftigen. In der Finsternis fiel er fast über eine Sauerstoffflasche (Sauerstoff-Flasche) und stolperte über ein Fass mit Schlämmkreide. Sein kleiner Cousin war ihm gefolgt und schmiss versehentlich eine Rolle Stanniol auf den Fußboden. Prompt fasste Max ihn beim Schlafittchen und rief erbost: »Pass bloß auf, du Naseweis! Weißt du nicht, dass du heute Nachmittag beim Nummerieren des Saatguts helfen musst?« Der Kleine erwiderte: »Das tut mir Leid, aber mach doch nicht solch ein Palaver!« Griesgrämig gestimmt dachte Max: Jetzt bin ich es bald leid! Zu allem Überfluss unterliefen ihm weitere Missgeschicke: Er fand die Ahle nicht, machte sich mit Gips einen Klecks auf die Jacketttasche (Jackett-Tasche) und stieß einen Eimer mit Grießmehl um. Das alles bereitete ihm viel Verdruss. Deshalb verließ er das düstere Verlies und folgte seinem Vetter ins Freie, wo er sich auch noch bei helllichtem Tage an einer Brennnessel verbrannte. Zurück in seinem Zimmer, nahm er zunächst seinen Fotoapparat vom Stativ und trank schließlich mit großem Appetit genüsslich einen süßlichen Aperitif.

Alte Schreibweise

Max könnte den Wechsel vom Stadtleben zur ländlichen Idylle in Liechtenstein genießen, wenn er das rhythmische Stakkato der Häckselmaschine nicht ertragen müßte. Eine mißliche akustische Störung! Deshalb ging er in den Keller, um sich dort ein bißchen zu beschäftigen. In der Finsternis fiel er fast über eine Sauerstoffflasche und stolperte über ein Faß mit Schlämmkreide. Sein kleiner Cousin war ihm gefolgt und schmiß versehentlich eine Rolle Stanniol auf den Fußboden. Prompt faßte Max ihn beim Schlafittchen und rief erbost: »Paß bloß auf, du Naseweis! Weißt du nicht, daß du heute nachmittag beim Numerieren des Saatguts helfen mußt?« Der Kleine erwiderte: »Das tut mir leid, aber mach doch nicht solch ein Palaver!« Griesgrämig gestimmt dachte Max: Jetzt bin ich es bald leid! Zu allem Überfluß unterliefen ihm weitere Mißgeschicke: Er fand die Ahle nicht, machte sich mit Gips einen Klecks auf die Jackettasche und stieß einen Eimer mit Grießmehl um. Das alles bereitete ihm viel Verdruß. Deshalb verließ er das düstere Verlies und folgte seinem Vetter ins Freie, wo er sich auch noch bei hellichtem Tage an einer Brennessel verbrannte. Zurück in seinem Zimmer nahm er zunächst seinen Fotoapparat vom Stativ und trank schließlich mit großem Appetit genüßlich einen süßlichen Aperitif.

Wie haben Sie sich bei diesem Diktat gefühlt? Gab es nicht so manches Wort, bei dem Sie zögerten und Ihnen Zweifel kamen? Wie fühlen Sie sich, nachdem Sie nun Ihre Fehler angestrichen haben? Vielleicht sind Sie erfreut oder stolz, weil Sie die Rechtschreibklippen erfolgreich umschifft haben? Vielleicht empfinden Sie aber auch Ärger über diesen oder jenen »dummen« Fehler? Vielleicht sind Sie etwas beschämt oder gar bestürzt?**

Zugegeben, es waren bewusst einige Fallen eingebaut, wie zum Beispiel die Wörter »Liechtenstein« (fälschlicherweise spricht man das »i« häufig kurz), »Schlämmkreide« (man vergisst, dass das Wort von »Schlamm« abgeleitet wird). Auch die Wörter »Stativ«, »Appetit« und

* Als Fehler gelten nur jene Wörter, die nach der alten *und* neuen Rechtschreibung falsch geschrieben sind.

** Selbst wenn Sie 7, 8 oder gar 10 Fehler gemacht haben, sind Sie durchaus noch kein schlechter Rechtschreiber. Dieser Text wurde 42 erwachsenen Versuchspersonen verschiedener Alters- und Berufsgruppen diktiert, und es ergab sich eine Fehlerstreuung von 2 bis 27. Nur 5 Versuchspersonen machten weniger als 5 Fehler, und etwa die Hälfte der Testdiktate wies mehr als 10 Fehler auf.

»Aperitif« können zum Rechtschreibproblem werden, wenn sie nur dicht genug beieinander stehen. Aber vergessen wir nicht, dass auch in den Diktaten unserer Kinder sehr oft ganz bewusst gewisse Schwierigkeiten eingebaut werden!
Das Diktat, das Sie geschrieben haben, hat genau 200 Wörter. Wenn Sie nun die Anzahl Ihrer Fehler halbieren, erhalten Sie Ihre Fehlerprozentzahl. Diese Zahl sollten Sie sich merken. Wenn Sie später mit Ihrem Kind das Rechtschreibspiel beginnen, werden Sie nämlich auch seine Fehlerprozentzahl ermitteln. So haben Sie eine Vergleichsmöglichkeit, die auf Selbsterfahrung beruht. Auf diese Weise wird es Ihnen wahrscheinlich wesentlich besser gelingen, die Rechtschreibfreuden und -leiden Ihres Kindes nachzuvollziehen. Außerdem wird es nun sicherlich einfacher sein, das Wesen und die Ursachen von Rechtschreibfehlern auch aus der Perspektive des Betroffenen zu betrachten.

Der »Fehlerteufel« und seine Gründe

Die Legende von der Legasthenie

Wie wir gesehen und »am eigenen Leib« erfahren haben, gibt es in unserer Sprache, mannigfaltige Möglichkeiten, Fehler zu machen, also sich zu irren. Um dem »Fehlerteufel« den Garaus zu machen, haben Pädagogen und Psychologen frühzeitig damit begonnen, Fehler zu sammeln, zu analysieren und einzuordnen. Auf diese Weise wollten sie herausfinden, unter welchen Bedingungen bestimmte Fehler auftauchen und ob es eindeutige Ursachen gibt, die zu ganz typischen Fehlern führen. Zunächst war man ziemlich optimistisch. Es zeigte sich nämlich, dass es Kinder gab, die tatsächlich überwiegend charakteristische Fehler machten. Sie vertauschten zum Beispiel Buchstaben oder ganze Silben: Statt »-er« schrieben sie »-re«, statt »-ie« schrieben sie »-ei«, statt »ver-« die Umkehrung »rev-«. Ja, zuweilen waren die Wörter gar nicht mehr lesbar, sondern ein einziger »Buchstabensalat«. Mit diesen Kindern – so mutmaßte man – stimmte etwas nicht. Irgendwo in ihrem Gehirn musste eine Schwäche vorhanden sein. Eine neue Krankheit war geboren: die Legasthenie.

»Wissen Sie, unser Junge ist anerkannter Legastheniker...« – so berichteten dann viele Eltern, wenn man sie über die Schulleistungen ihres Kindes befragte. »Anerkannter Legastheniker« – das klingt fast wie ein Kompliment, wie eine Auszeichnung. Zumindest aber ist man geneigt, einem mit diesem Etikett behafteten Menschen jenes gesteigerte Interesse entgegenzubringen, das wohl bei allem Rätselhaften, Ungewöhnlichen und Sensationellen geweckt wird.

Legasthenie: eine exotische Krankheit, die durch einen fremdartigen Bazillus verursacht wird? In der Tat fahndete man jahrelang nach einem solchen Erreger, um ihn als Verursacher der Legasthenie dingfest zu machen. Aber die Suche war vergebens. Es ist nämlich schwerlich möglich, den Auslöser einer Krankheit zu finden, die überhaupt nicht existiert. Doch gehen wir schrittweise vor.

Legasthenie bedeutet wörtlich übersetzt Leseschwäche – mehr nicht. Sogleich ist der Reiz des Exotischen verflogen, und wir verstehen: Wer Schwierigkeiten beim Lesen zeigt, der hat offenbar eine Leseschwäche und den kann man – wenn man die vornehme Ausdrucksweise bevorzugt – Legastheniker nennen. Konsequent weitergedacht heißt das beispielsweise auch: Wer Schwierigkeiten hat, das Klavier spielen zu erlernen, der hat offensichtlich in diesem musischen Bereich eine schwache Seite und den kann man – wenn man möchte – »Pianostheniker« nennen. Nur: In unserer Kultur gilt das Lesen als ungleich wichtiger als das Klavier spielen – sonst hätte es mit Sicherheit auch eine »Pianosthenie«-Forschung gegeben.

Ganz so einfach wollte man es sich allerdings nicht machen, als zu Beginn der fünfziger Jahre der Begriff »Legasthenie« zum ersten Mal in der pädagogischen Literatur auftauchte. Nein, man hatte Größeres im Sinn. Zunächst einmal erweiterte man die »Legasthenie« kurzerhand auch auf das Rechtschreiben und umschrieb sie von nun als »Lese-Rechtschreibschwäche«, kurz »LRS« genannt. Nachhaltige Verwirrung schaffte vor allem die mit dem Schwung der Überzeugung vorgetragene Mutmaßung, dass eine Lese-Rechtschreibschwäche »offensichtlich« durch eine Störung im Kind hervorgerufen würde – also ererbt oder eine Art Krankheit sei. Zum Beweis dieser These führte man gleich drei Argumente ins Feld: Erstens fand man bei einigen rechtschreibschwachen Kindern eine Hirnschädigung. Zweitens entdeckte man diese charakteristischen »verdächtigen« Fehler, die »bestimmt« Zeichen einer Fehlschaltung im Gehirn waren. Und drittens zeigten viele lese-rechtschreibschwache Kinder »seltsamerweise« in anderen Schulfächern durchschnittliche bis gute Schulleistungen. Ganz klar: Das mussten Legastheniker sein! Denn offenbar war ein Teilbereich ihrer Leistungsfähigkeit gestört. So sprach man häufig auch von einer »Teilleistungsschwäche«.

Glücklicherweise ist die Wissenschaft aber kritisch. Also prüfte sie die Thesen. Allerdings fand sie keinen generellen Zusammenhang zwischen Schwierigkeiten in der Lese- und Rechtschreibfähigkeit und einer Hirnschädigung. Gewiss, hier und da entdeckte man Kinder, die möglicherweise aufgrund einer hirnorganischen Störung in ihrem gesamten Lernverhalten beeinträchtigt wurden. Das reichte jedoch nicht aus, die Lese-Rechtschreibschwäche weiterhin generell als Folge einer Krankheit im Gehirn zu sehen. Aber da waren ja noch diese typischen Fehler, diese Verdrehungen und Vertauschungen von Buchstaben und Silben. Hier musste der Beweis dafür liegen, dass – wenn schon keine Krankheit – doch irgendwelche geheimnisvollen, eventuell ererbten Fehlschaltungen am Werk waren. Aber es gab eine weitere Enttäuschung. Umfangreiche Fehleranalysen belegten nämlich mit statistischer Präzision, dass bei der überwiegenden Mehrheit rechtschreibschwacher Kinder diese Fehler überhaupt nicht vorkamen. Und selbst in jenen einzelnen Fällen, wo man besonders viele Verdrehungen und Vertauschungen, Buchstabensalat und Wortruinen fand, war nicht mit Sicherheit zu sagen, ob diese scheinbar typischen »Legastheniker-Fehler« Ausdruck irgendeiner Schwäche im Kind oder bloß Folge eines ungünstig verlaufenen Rechtschreibunterrichts waren. Und was blieb da noch von der Legasthenie übrig? Herzlich wenig, aber immerhin noch so viel, dass sie erst Jahre später aus den amtlichen Richtlinien zur Förderung rechtschreibschwacher Kinder eliminiert wurde. Noch länger dauerte es, bis man sich von der Vorstellung einer speziellen Rechtschreibschwäche, also einer isolierten Teilleistungsschwäche, gelöst hatte. Vernünftigerweise steht das Kürzel »LRS« heute für »Lese- oder Rechtschreibschwierigkeiten«, wobei zur Beurteilung der Rechtschreibproblematik eines Kindes zunächst einmal sein Diktatheft als Grundlage dient. Sind seine Leistungen für einen gewissen Zeitraum schlechter als ausreichend, so nimmt es an Fördermaßnahmen teil, die durch entsprechende Erlasse der Kultusminister geregelt werden.

Doch selbst wenn man die amtlichen Regelungen im Schulalltag optimal umsetzte, würde es weiterhin Kinder geben, die sich beim Erlernen und Behalten unserer komplizierten Schriftsprache schwer tun. Nach wie vor werden also beim Rechtschreiben auch solche Fehler gemacht, die von der Qualität des Unterrichts weitgehend unabhängig sind, weil sie vor allem mit der Lernbereitschaft und der Konzentrationsfähigkeit des Kindes zusammenhängen. Diesen Fehlerquellen, die vornehmlich in der Persönlichkeit des Kindes und in seinem familiären Umfeld zu suchen sind, wollen wir unsere folgenden Überlegungen widmen.

Die Fehlertypen

Für unser Lernspiel sind eigentlich nur zwei Fehlerarten wichtig:

Fehlertyp I:	Das Kind schreibt ein Wort falsch, *weil es wirklich nicht weiß,* wie dieses Wort geschrieben wird.
Fehlertyp II:	Das Kind macht einen Fehler, *obwohl es eigentlich weiß,* wie das Wort geschrieben wird.

Diese vereinfachte Fehlereinteilung darf allerdings nicht darüber hinwegtäuschen, dass es ein riesiges Bündel verschiedener Ursachen gibt, die zum ersten bzw. zweiten Fehlertyp führen können. Genau genommen gibt es so viele Fehlerursachen wie Kinder, die Fehler machen. Das heißt, wir können einen Fehler eigentlich nur aus der ganz individuellen Situation eines Kindes, aus seiner Lebensgeschichte und aus seiner Persönlichkeit ableiten. Und das schließt nicht nur seinen Verstand ein, sondern auch die oft schwer zugängliche Welt seiner Gefühle. Versuchen wir aber auch hier, einige gemeinsame Nenner zu finden, eine überschaubare Ordnung, die uns weiterhelfen kann.

Fehlertyp I

Dieser Fehlertyp bedeutet: Ein Kind macht einen Fehler, weil es *wirklich* nicht weiß, wie das Wort geschrieben wird. Das kann daran liegen, dass das Kind dieses Wort noch nie geschrieben und deshalb noch nicht gelernt hat. Im Schulalltag ist es aber meist so, dass fehlerhafte Wörter zwar schon geschrieben wurden, aber nicht oder nur unvollkommen im Gedächtnis gespeichert sind. Hier geht es also zunächst einmal um die *Merkfähigkeit*, die bekanntlich sehr unterschiedlich ausgeprägt ist. Manche Kinder brauchen ein Wort nur einmal oder wenige Male zu schreiben, um es für alle Zeiten zu behalten. Andere wiederum benötigen eine größere Anzahl von Wiederholungen, bis ein Wort zu ihrem festen Repertoire gehört.

Versagt die Merkfähigkeit beim Schreiben eines Wortes aus irgendeinem Grund, kann das Kind ein anderes Mittel zu Hilfe nehmen. Es kann eine Rechtschreibregel anwenden, falls es sich bei dem Wort um einen Regelfall handelt. Natürlich muss das Kind die Regel gelernt und behalten haben – und es muss sie obendrein richtig anwenden (was etwa ab dem 3. Schuljahr erwartet wird). Seine *Denkfähigkeit* wird damit ebenfalls gefordert, eine Fähigkeit, die – wie wir wissen – von Kind zu Kind große Unterschiede aufweisen kann. Als letztes Hilfsmittel, als »rettenden Strohhalm« sozusagen, kann das Kind die akustische Wahrnehmung befragen. Jedes Wort hat ja einen ganz bestimmten Klang. Um dieses Klangbild in seine einzelnen Bestandteile zu zerlegen, braucht das Kind jedoch eine weitere Fähigkeit: die so genannte *akustische Differenzierungsfähigkeit*. Darüber hinaus muss es das richtige, also das hochdeutsche Klangbild eines Wortes kennen. Aber selbst dann, wenn ein Kind die Rechtschreibregeln beherrscht, akustisch differenzieren kann und hochdeutsch spricht, wird es oft genug danebentippen, wenn seine Merkfähigkeit nicht mitspielen will. Es wird so lange »Fidexe« oder »Eideckse« schreiben, bis es dieses Wort richtig gespeichert hat. Um gegen den Fehlertyp I zu Felde zu ziehen, muss unser Lernspiel demnach einen systematischen Weg finden, Wörter einwandfrei zu speichern und langfristig zu behalten.

Viele Eltern und Pädagogen sind nun der Ansicht, dass das Behalten von Wörtern entscheidend verbessert werden kann, wenn man viel liest. In der Beratungspraxis hört man immer wieder Bemerkungen wie: »Es ist ja kein Wunder, dass er so viele Fehler macht, denn er liest ja überhaupt nicht!«. Stimmt das? Obwohl das wiederholte und gezielte Lesen ein und desselben Wortes meist dazu führt, dass man seine Schreibweise behält, erfolgt beim normalen Lesen in der Regel nur eine ganz beiläufige Aufnahme des Wortbildes (man spricht hier von *latentem Lernen*). Der Eindruck muss ja flüchtig bleiben, weil ständig neue Wörter ins Blickfeld rücken, die das Bild des vorausgehenden gleich wieder verwischen, und weil man sich beim Lesen nicht auf die Bauweise eines Wortes konzentriert, sondern in erster Linie auf seinen Inhalt. Darüber hinaus gibt es noch einen wichtigen lernpsychologischen Grundsatz: Jede Fertigkeit verlangt wieder und wieder Übung. Eine Rechtschreibübung kann also nicht in einer lediglich *passiven* Aufnahme der Wörter bestehen, sondern muss im Wesentlichen eine *aktive* Wiedergabe bedeuten. *Rechtschreiben lernt ein Kind nur durch – Rechtschreiben!*

Es mag nun der Eindruck entstanden sein, dass der Fehlertyp I ausschließlich durch rein intellektuelle Faktoren (wie z.B. Lern-, Denk- oder Merkfähigkeit) bestimmt wird. Wie man jedoch aus zahlreichen Untersuchungen der Lernpsychologie weiß, spielen beim Lernen, Denken und Behalten die Motivation und Gefühle eines Menschen eine oft entscheidende Rolle. Freude, Ärger oder Angst nehmen oft starken Einfluss auf die intellektuellen Fähigkeiten eines Menschen. Sie können das Lernen erschweren, das Denken blockieren und das Behalten schwächen. Diese Störfaktoren sollten wir keinesfalls aus den Augen verlieren. Denn: Der scheinbare Mangel einer bestimmten Fähigkeit kann sich bei näherem Hinsehen als bloße psychologische Hemmung entpuppen.

Fehlertyp II

Beschäftigen wir uns nun mit jenen psychologischen Ursachen, die überwiegend zum Fehlertyp II führen, also zu Fehlern, die ein Kind macht, obwohl es eigentlich weiß, wie das Wort geschrieben wird. Man nennt diese Fehler gern »Flüchtigkeitsfehler«, weil die Gedanken des Kindes offenbar umherschweifen, nicht bei der Sache, kurzum flüchtig sind. Das Vergessen der sogenannten Oberzeichen wie i-Punkte oder t-Striche, das gelegentliche Auslassen von Buchstaben (vornehmlich am Wortende) oder auch die »flüchtige« Missachtung der Groß- und Kleinschreibung sind typische Vertreter dieses Fehlertyps. Doch nicht immer sind die Gedanken eines Kindes abgelenkt, wenn es so genannte Flüchtigkeitsfehler macht. Im Gegenteil. Manchmal bemüht es sich ganz besonders darum, das Wort richtig zu schreiben, und macht gerade deshalb einen Fehler, der – obwohl er wie ein Flüchtigkeitsfehler aussieht – alles andere als flüchtig, sondern Ausdruck eines quälenden Konflikts ist. Beobachten wir einmal eine solche Situation:

Ein Kind sitzt beim Diktat und soll das Wort »und« schreiben. Nach dem zweiten Buchstaben zögert es, schaut fragend an die Zimmerdecke, umschließt den Füllhalter fester mit der kleinen Hand und lässt das Wort mit einem »t« enden. Doch hastig streicht es diesen Buchstaben wieder durch. Eine steile Falte legt sich zwischen seine Augenbrauen. Da kommt der rettende Einfall: »Hund« heißt das Zauberwort, das sich ja verlängern lässt und somit seinen geheimnisvollen Schlusskonsonanten preisgeben muss. Also heißt des Rätsels Lösung »und«. Das Kind schreibt hinter das durchgestrichene »t« erleichtert ein »d«. Doch neue Zweifel kommen auf. »Bunt« heißt des »Hundes« Gegner. Ja, *das* ist die Lösung! Ein zweites Mal wird durchgestrichen, das »d« ausgelöscht und endgültig durch ein »t« ersetzt: »unt«. Solchen Konflikten und dadurch verursachten Fehlleistungen begegnen wir gelegentlich bei offensichtlich ganz simplen, kurzen Wörtern, während im gleichen Satz Kompliziertes wie »Frühlingsblume«, »Gardinenstange« oder »Fabrikschornstein« fehlerfrei geschrieben wird. Wie kommt das?

Eine andere Situation kann uns diesen Konflikt verdeutlichen: Der Fahrschüler hat seine dritte Fahrstunde. Der Verkehr ist dicht und er fordert viel Aufmerksamkeit. Hinzu kommt die ungewohnte Bedienung des Schaltgetriebes. Da gibt der Fahrlehrer die Anweisung: »Biegen Sie bitte rechts ab!« »Rechts!« schießt es dem Fahrschüler durch den Kopf. Bremsen, kuppeln, schalten – der Blinker! Der Fahrschüler zögert einen Moment und kippt dann den Blinkschalter nach oben. »Moment!« denkt er, »rechts, rechts ... aber ich muss doch ...« Ein hilfloser Blick zum Fahrlehrer, dann kippt er hastig den Blinkschalter nach unten und biegt erleichtert ab – nach links!

So verschieden diese beiden Situationen sein mögen, sie haben doch etwas Entscheidendes gemeinsam: Ein Mensch befindet sich in einer Situation, in der ein Versagen die Missbilligung seiner Umwelt provozieren kann. Der Konflikt des Kindes wird außerdem durch die gängige Erwartung belastet, dass man bei einem so leichten Wort wie »und« doch keinen Fehler machen darf. Der Konflikt des Fahrschülers wird durch einen ähnlichen Gedanken forciert: »Was soll der Fahrlehrer bloß von mir denken, wenn ich nicht einmal rechts und links auseinander halten kann?«

Wenn Sie selbst den Führerschein haben und sich an Ihre ersten Fahrstunden erinnern, dann können Sie bestimmt die folgende Beobachtung bestätigen: Je verständnisvoller und geduldiger ein Fahrlehrer ist, desto sicherer und ruhiger kann sich der Fahrschüler fühlen. Und desto geringer ist auch die Gefahr, dass er anstatt nach rechts nach links abbiegt.

Also: Je ruhiger, verständnisvoller und geduldiger Sie auf die kleineren und größeren Fehlleistungen Ihres Kindes beim Rechtschreiben reagieren, desto geringer ist die Gefahr, dass es anstatt »und« das Wort »unt« schreibt.

Konzentrationsstörungen

Man sagt ja im Allgemeinen, dass Flüchtigkeitsfehler durch Konzentrationsstörungen entstehen. In vielen Fällen klingt diese Erklärung sicherlich etwas übertrieben – besonders dann, wenn ein Kind lediglich einen schlechten Tag erwischt hat oder nur gelegentlich nicht bei der Sache ist. Aber das Wort »Störung« bedeutet ja nicht nur, dass ein überdauernder oder schwerwiegender Defekt vorhanden ist. Es gibt freilich auch kurzfristige oder leichte Konzentrationsstörungen. *Wie* kommt es aber dazu? Es gibt wohl kaum einen anderen psychologischen Begriff, welcher bei der Erklärung kindlichen Schulversagens häufiger strapaziert worden wäre als »Konzentrationsstörung«. Und es gibt wohl kaum ein anderes Lernproblem, das so oft selbst bei Fachleuten zu Ratlosigkeit und Achselzucken geführt hätte. Wir wollen deshalb auch hier versuchen, ein vereinfachtes Erklärungssystem zu finden, also nur solche Gedanken zusammenzutragen, die uns bei der praktischen Anwendung des Rechtschreibspiels nützlich sein können. Dennoch sollten wir uns mit dem pauschalen Begriff »Konzentrationsstörung« nicht zufriedengeben, sondern eine Unterscheidung treffen, die wir später in unserem Lernspiel unbedingt berücksichtigen müssen:

Konzentrationsstörung I:	Der innere Spannungsbogen, die gegenwärtige Motivation des Kindes ist nicht stark genug. Es bündelt seine Aufmerksamkeit nicht in der gerade zu bewältigenden Aufgabe, sondern lässt seine Gedanken – aus welchen Gründen auch immer – mehr oder weniger diffus umherschweifen. Es bringt ein *Zuwenig* an Konzentration auf.
Konzentrationsstörung II:	Das Kind ist besonders stark darum bemüht, alles richtig zu machen. Es hat Angst zu versagen und verkrampft sich deswegen. Es zeigt also ein *Zuviel* an Konzentrationsbereitschaft.

Beide Formen der Konzentrationsstörung können allerdings zu gleichen Fehlern führen, so dass wir an der Art der Fehler noch nicht erkennen können, welche Störung überwiegt. Das Kind kann zum Beispiel einen Buchstaben auslassen, weil es mit seinen Gedanken beim fröhlichen Spiel mit seinen Freunden ist oder weil es den Buchstaben »vor lauter Angst« vergessen hat. Es kann einen i-Punkt weglassen, weil es noch immer an eine Auseinandersetzung am Frühstückstisch denkt oder aber weil es ängstlich-verkrampft auf die richtige Buchstabenfolge achtet und dabei diese Nebensächlichkeit einfach übersieht.

Gelegentlich kommt es auch vor, dass ein Kind weitgehend fehlerfreie Diktate schreibt, jedoch beim *Abschreiben* sehr viele Fehler macht. Hier kann man davon ausgehen, dass das Kind »abgeschaltet« hat. Es hat »auf Routine geschaltet«, ohne tatsächlich schon routiniert zu sein. So führt seine nunmehr verminderte Aufmerksamkeit zu einem zwangsläufigen Anstieg der Flüchtigkeitsfehler.

Konzentrationsstörung I

Bleiben wir zunächst bei Konzentrationsstörung I. Beobachten wir die *ablenkbaren* Kinder, denen man gern Eigenschaften wie verträumt oder verspielt, fahrig oder hektisch, lustlos oder auch gleichgültig zuordnet. Viele Eltern fragen sich, ob es sich hierbei um ererbte, also angeborene Eigenschaften, vielleicht sogar um Krankheiten handelt oder ob die Kinder Opfer ihrer Umwelt geworden sind.

Tatsache ist, dass jedes Kind mit natürlichen Erbanlagen versehen ist, die nicht nur äußerliche Merkmale bestimmen (wie Haar- oder Augenfarbe), sondern auch bestimmte Begabungen oder das Temperament. Zahlreiche wissenschaftliche Untersuchungen haben belegt, dass es beispielsweise schon bei Neugeborenen große Temperamentsunterschiede gibt. Manche Säuglinge sind ruhig bis phlegmatisch, andere wirken lebhaft bis unruhig. Doch ob ein unruhiges Kind tatsächlich einmal fahrig und ablenkbar wird, hängt nicht allein von seiner natürlichen Veranlagung ab, sondern im Wesentlichen davon, wie seine Umwelt auf sein Temperament reagiert. Eine angeborene Bereitschaft zur

Unruhe kann also durch Erziehungseinflüsse abgeschwächt, aber auch verstärkt werden. Ebenso gut können Kinder mit ruhigem Temperament durch ein ungünstiges Erziehungsklima zu unruhigen, nervösen »Geistern« erzogen werden. Welcher Anteil der Unruhe und Ablenkbarkeit eines Kindes von Natur aus vorhanden ist und welcher durch Erziehung erworben wurde, lässt sich allerdings nie eindeutig feststellen. Solche Spekulationen sind auch völlig fruchtlos. Denn: Ob angeboren oder erworben – die Konzentrationsschwäche eines Kindes kann man in beiden Fällen durch entsprechende Erziehungseinflüsse günstig beeinflussen, wie wir noch genauer sehen werden.
Zuweilen begegnet man jedoch Kindern, bei denen jedes Mittel gegen ihre Ruhelosigkeit und die damit verbundene Konzentrationsschwäche zu versagen scheint. Von klein auf werden sie von einer geheimnisvollen inneren Kraft ständig vorwärts getrieben, haben keine Ausdauer beim Spiel, neigen zu ziellosem Umherrennen und bekommen in der Schule nicht selten den Beinamen »Zappelphilipp«. Manchmal ist ihre Handschrift schlecht bis unleserlich und ihre Diktate sind voll von Flüchtigkeitsfehlern. Dieses »hyperkinetische Syndrom« – wie es die Wissenschaft nennt – ist in vielen Fällen zwar durch ungünstige Umwelteinflüsse erklärbar, nicht selten steht es aber mit *körperlichen* Ursachen in Zusammenhang. Bei einigen Kindern findet man dann eine Veränderung der Hirnstromkurve (EEG) und spricht von einer hirnorganischen Störung – eine vage Umschreibung jener geringfügigen Hirnschädigungen, die während der Schwangerschaft oder bei der Geburt (z.B. durch Sauerstoffmangel) entstanden sein können. Da in vielen Fällen keine organische Schädigung nachweisbar ist, sondern lediglich eine unerhebliche Funktionsstörung, spricht man auch von »minimaler zerebraler Dysfunktion«. Doch nicht alle Kinder, bei denen eine solche Störung nachweisbar ist, leiden an Überaktivität. Umgekehrt stehen motorische Unruhe und Ablenkbarkeit nicht zwangsläufig mit einer hirnorganischen Störung in Zusammenhang. Die Ursache für übermäßige Unruhe kann auch in anderen organischen Bereichen liegen.
Vor einigen Jahren wurde eine Entdeckung gemacht, die bei der Suche nach den Störquellen kindlicher Konzentration ein interessantes Indiz

liefert: Eine verzweifelte Mutter, die mit ihrem überaktiven und konzentrationsschwachen Sohn jahrelang erfolglos bei Neurologen, Psychiatern und Psychologen ein und aus ging, stieß zufällig auf einen Artikel über die »Feingold-Diät«, entwickelt von dem amerikanischen Allergieforscher Ben Feingold. Der Forscher hatte herausgefunden, dass bestimmte Farb- und Geschmacksstoffe bei manchen Kindern Konzentrations- und Verhaltensstörungen hervorrufen oder verstärken konnten. Diese Entdeckung brachte die betroffene Mutter auf die Idee, ihrem Sohn naturreine Nahrungsmittel vorzusetzen – Babykost also, die keine chemischen Zusätze enthielt. Schon nach kürzester Zeit verbesserte sich das Lernverhalten ihres Sohnes. Da jedoch in Deutschland weniger Farbstoffe zugelassen sind als in Amerika, kam die Mutter – von Beruf Apothekerin – zu dem intuitiven Schluss, dass die bei uns erlaubten und in vielen Nahrungsmitteln enthaltenen *Phosphat-Zusätze* für die Störungen ihres Sohnes verantwortlich sein müssten. Obwohl Phosphate für den menschlichen Organismus normalerweise unschädlich sind, musste ihr Sohn offenbar dagegen allergisch sein – so sagte sie sich. Eine absurde Idee? Bloß ein Einzelfall?

Erste Versuche, die an der Universitätsklinik Mainz durchgeführt wurden, gingen dieser These nach: Man untersuchte mehrere Wochen lang einige Gruppen konzentrations- und verhaltensgestörter Kinder. Tatsächlich gab es Anzeichen dafür, dass ihre Überaktivität durch phosphathaltige Nahrung (wie z.B. Würstchen, Eis, Limonade) oder auch durch gezielt eingesetzte Phosphat-Tabletten verstärkt wurde. Dagegen verbesserte eine phosphatfreie Kost das Verhalten vieler Kinder sichtbar. In jüngerer Zeit haben systematische Studien diese Erkenntnisse vertieft. Für manches konzentrationsgestörte Kind wird in dieser Entdeckung eine Chance liegen. Trotzdem sollten wir die organischen Faktoren nicht überschätzen. Denn auch bei Kindern, deren Unruhe vermutlich mit körperlichen Störungen zusammenhängt, schwingen fast immer zusätzlich psychologische Ursachen mit, die man unter dem Eindruck eines »greifbaren« organischen Befunds leicht aus den Augen verliert.

Neben der Überaktivität gibt es aber noch ein weiteres Problem, das mit einer minimalen Hirnschädigung in Zusammenhang stehen *kann*.

Zuweilen begegnet man Kindern, denen es offenbar schwer fällt, geometrische Figuren, zeichnerische Formen und Linien richtig wahrzunehmen und korrekt im Gedächtnis zu behalten. Wenn man diesen Kindern beispielsweise ein Dreieck zeigt, das auf der Spitze steht, so gelingt es ihnen oft nicht, diese Figur aus dem Gedächtnis richtig nachzuzeichnen. Sie verändern die Lage des Dreiecks oder geben es gar in verzerrten Proportionen wieder.

Natürlich ist es nicht weiter verwunderlich, dass diese Kinder auch beim »Nachmalen« von Buchstaben, Worten und Zahlen gewisse Schwierigkeiten haben. Man findet spiegelbildliche Reproduktionen, Rechts-links-Vertauschungen oder andere Abweichungen vom Original. Aber auch hier muss betont werden, dass eine solche »Raumlagelabilität«, wie man diese Erscheinung nennt, keinesfalls ein eindeutiges Indiz für eine Hirnschädigung ist – ebenso wie nur in seltenen Fällen eine kindliche Gedächtnisschwäche organische Ursachen hat. Obwohl diese Kinder verständlicherweise auch beim Rechtschreiben (vornehmlich im Anfangsunterricht) größere Schwierigkeiten haben, wäre es reine Spekulation, ihnen kurzerhand eine angeborene oder durch Hirnschädigung erworbene Rechtschreibschwäche zu unterstellen. Denn abgesehen davon, dass man diese »Wahrnehmungsschwäche« durch gezieltes Training beheben kann, machen solche Kinder ja nicht ausschließlich Wahrnehmungsfehler, sondern auch Regelfehler und Flüchtigkeitsfehler. Und damit kehren wir zurück zu den psychologischen Fehlursachen.

Ablenkbarkeit, Verspieltheit, Lustlosigkeit oder mangelnde Konzentrationsbereitschaft sind Eigenarten, die von vielen Kindern sehr gern in der Vorschulzeit entwickelt und »gepflegt« und oftmals bis ins Schulalter »hinübergerettet« werden. Ein wichtiges Stichwort ist dabei die *Selbständigkeitserziehung*. Wie entscheidend eine möglichst frühzeitige Erziehung zur Selbständigkeit sein kann, haben amerikanische Untersuchungen zur Entwicklungspsychologie gezeigt: Kinder, die bereits im Alter von etwa 2 1/2 bis 4 Jahren von ihren Müttern zu eigenständigem Handeln angehalten wurden, konnten sich später viel besser auf bestimmte Anforderungen konzentrieren als jene Kinder, die behütet aufwuchsen. Die Überfürsorglichkeit, die Sorge oder Angst um das

Wohlergehen des Sprösslings, machen seiner Entwicklung zur Selbständigkeit und damit zur Leistungsfähigkeit offenbar früh einen Strich durch die Rechnung. Der Gedanke: »Das kann mein Kind doch noch nicht allein!« kann der erste Schritt zu einer verhängnisvollen Kettenreaktion sein. Das Kind gewöhnt sich nämlich recht bald an die allzu liebevolle (und sicherlich gut gemeinte) Fürsorge der Mutter oder des Vaters. Es lässt sich willig beim Waschen, Anziehen, Essen und bei all den anderen kleinen Unannehmlichkeiten des Alltags helfen. Die kindliche Überzeugung: »Mami macht das schon!« wird zur lieben Gewohnheit und lebt dann auch nach dem Schuleintritt fort. Nun will das Kind seine Schularbeiten nicht allein machen (und kommt damit ja eigentlich der überfürsorglichen Mutter entgegen ...) und konzentriert sich nur so lange, wie ihm der Helfer den Weg durch den Lernstoff ebnet. Schließlich baut es vollends auf die Hilfestellung der Erwachsenen, bleibt verspielt und verträumt, und es entsteht bei ihm das, was wir Konzentrationsstörung I genannt haben.
Natürlich ist die überfürsorgliche Erziehung nur *ein* Faktor, der zu einem Konzentrationsproblem führen kann. Wenn Kinder durch das Elternhaus keine Förderung erfahren oder gar vernachlässigt werden, bringt das ebenfalls häufig Konzentrationsschwierigkeiten mit sich – nämlich eine gewisse Gleichgültigkeit und Unlust gegenüber allem, was nach Leistung »schmeckt«. Hier erweist sich in erster Linie das Vorbildverhalten der Eltern als Ursache einer zu schwach ausgeprägten Motivation, wie zahlreiche Milieustudien nachgewiesen haben.
Aber auch jene Kinder, die zur Selbständigkeit erzogen wurden, können zu Konzentrationsproblemen neigen – besonders dann, wenn aufgabenfremde Gedanken die Aufmerksamkeit auf sich ziehen. Nicht selten sind solche Gedanken durch Konflikte geprägt, die ein Kind mit sich herumträgt – oft unter der Oberfläche verborgen, nicht sichtbar, aber wirksam. Ein gespanntes Verhältnis zwischen Eltern und Kind, Streit unter Geschwistern oder auch der erste Liebeskummer äußern sich nicht selten in vorübergehenden Konzentrationsschwierigkeiten. Und das gilt ja bekanntlich nicht nur für den ersten Liebeskummer der Elf- und Zwölfjährigen. Denn Konzentrationsstörungen sind keinesfalls nur in der Welt des Kindes anzutreffen: Zwei verträumte Augen,

deren Blicke sich – über den Computer-Bildschirm hinweg – ins Nichts zu verlieren scheinen, oder auch ein zornig-abwesender Blick aus einem Bürofenster signalisieren uns, dass just in diesem Augenblick die Gedanken eines Menschen »flüchtig« waren.

Konzentrationsstörung II

Kommen wir nun zur ängstlichen Verkrampfung jener Kinder, die ganz besonders um korrektes Arbeiten bemüht sind und – so paradox es scheinen mag – gerade deswegen versagen. Wie entsteht eine solche Angst? In der Regel durch Reaktionen auf schlechte oder unzureichende Leistungen, die vom Kind als unangenehm erlebt werden, wie z.B. Verbote, Schimpfen oder gar Schläge. Natürlich erfährt ein Kind bei schlechten Leistungen nicht selten auch Kritik durch Mitschüler oder Lehrer. Doch nichts kann ein Kind so sehr in seinem Selbstbewusstsein verunsichern und in seinem Leistungswillen lähmen wie Missbilligung und Ablehnung durch seine Eltern. In diesem Zusammenhang muss auf ein verbreitetes Missverständnis hingewiesen werden: Viele Eltern jener Kinder, die bei Klassenarbeiten aus Angst versagen, weisen es weit von sich, ihr Kind wegen schlechter Schulleistungen in irgendeiner Form zu bestrafen, es auszuschimpfen oder gar zu schlagen. »Also«, sagen viele Eltern in der Beratungspraxis im Brustton der Überzeugung, »an uns kann es wirklich nicht liegen!« Doch das ist meist ein Irrtum. Diese Eltern beurteilen ihre Reaktionen ausschließlich aus ihrer eigenen Sicht und versetzen sich nicht in die Lage ihres Kindes. Denn vieles, was in den Ohren der Erwachsenen wie ein guter Rat, ein Hinweis oder Ansporn klingt, empfindet das Kind als mehr oder weniger direkten Vorwurf oder gar als »Donnerwetter«. Für das Kind zählt nämlich nicht nur, *was* man sagt, sondern auch *wie* man es sagt. Und man spürt es meist selbst am wenigsten, wenn die eigene Stimme lauter, härter, schneidender oder auch wehleidiger wird.
Also soll man lieber gar nichts sagen, wenn das Kind eine Klassenarbeit verbaut hat? Auch eine solche Rückzugsstrategie hat einen »Pferdefuß«: Sicherlich kann man seine Enttäuschung oder seinen Ärger hinunterschlucken und dadurch verhindern, dass diese Gefühle durch

Worte zum Ausdruck (oder besser: zum Ausbruch) kommen. Doch es lässt sich kaum verhindern, dass diese negativen Emotionen dem Kind auf andere Weise mitgeteilt werden, insbesondere durch Mimik oder Gestik. Diese Äußerungen der Körpersprache sind nämlich die wichtigsten Signale der *nichtsprachlichen Kommunikation*, deren Wirkung man gar nicht überschätzen kann. Ein englisches Filmteam hat vor einiger Zeit die Wirkung dieser Kommunikationsform eindrucksvoll demonstriert: Man filmte die Gesichter von Müttern und ihren Säuglingen während des Fütterns und in anderen Situationen. Es war erstaunlich, wie sehr sich der Gesichtsausdruck der Mutter unmittelbar auf den des Kindes übertrug. Und was noch denkwürdiger war: Der Gesichtsausdruck des Kindes färbte seinerseits auf die Mimik der Mutter ab. Das bedeutet nichts anderes, als dass bereits die Kleinsten der Kleinen – obwohl noch gar nicht der Sprache mächtig – in der Lage sind, ihre Umwelt auf dem Wege nichtsprachlicher Kommunikation zu manipulieren. In dem Film entspann sich zwischen Mutter und Kind ein lebhaftes »Gespräch« ohne Worte, ein Austausch von Gedanken und Gefühlen, der – im Zeitraffer vorgeführt – zu einem faszinierenden »Ballett« von Gestik und Mimik stilisiert wurde.
Dieses Filmexperiment zeigte in einer anderen Variante, dass sich auch erwachsene Menschen untereinander in erheblichem Maße durch die Körpersprache verständigen. Man filmte zwei Gesprächspartner, die sich gegenüber saßen. Verfolgte man nun als unbefangener Betrachter und Zuhörer dieses Zwiegespräch, so konnte man nichts Auffälliges feststellen. Wurde der Film jedoch wiederum mit höherer Geschwindigkeit (also im Zeitraffer) abgespult, entdeckte man plötzlich, wie Gestik und Mimik der Gesprächspartner in stetiger Wechselwirkung standen: Schlug der eine die Beine übereinander, machte der andere diese Geste kurz darauf nach. Beugte sich einer vor, ließ der andere nicht lange auf diese Bewegung warten. Und zog der eine die Stirn kraus, zeigte auch der andere alsbald diese mimische Regung.
Wir sehen: Auch ohne Worte »sprechen« wir eine allzu deutliche Sprache. So wird auch unser Kind, das mit einer schlechten Klassenarbeit zu Hause erscheint, vom Gesicht der Mutter (oder des Vaters) sogleich ablesen, was sie (bzw. er) ob solcher »Missetat« denkt und fühlt. Und ein

stummes, aber enttäuschtes oder verärgertes Gesicht erlebt das Kind meist als eine viel eindringlichere Anklage als ein echtes »Donnerwetter«. Denn im Gesicht der Eltern steht eindeutig geschrieben: »Was hast du uns bloß wieder angetan?« Ein Achtjähriger formulierte dieses Gefühl ganz schlicht, aber treffend: »Sie (die Mutter) soll mir lieber eine runterhauen, als den ganzen Tag mit so einem Gesicht herumzulaufen.« Da aber auch eine solche Erziehungsmaßnahme kaum geeignet ist, die Schulleistungen eines Kindes zu verbessern, stecken die Eltern in einem Dilemma – was in der Beratungspraxis zuweilen durch einen ärgerlichen Vorwurf gegen den Psychologen oder Pädagogen zum Ausdruck kommt: »Also – Sie haben gut reden! Sagen dürfen wir nichts, weil das ja vom Kind sowieso als Vorwurf aufgefasst wird. Und Schweigen hat noch schädlichere Auswirkungen. *Was* – um Himmels willen – sollen wir denn tun, wenn unser Kind eine Fünf mit nach Hause bringt?«

Dies ist in der Tat eine berechtigte Frage, wenn auch – im Eifer des Gefechts – überspitzt formuliert. Niemand hat ja von den Eltern verlangt, *nichts* zu sagen. Es wurde lediglich darauf hingewiesen, dass das *Was* und das *Wie* eine entscheidende Rolle spielt. Natürlich ist es verständlich, dass Vater und Mutter enttäuscht oder sogar verärgert sind, wenn das Kind (wer weiß nach wie viel Übung und Vorbereitung?) mit einer schlechten Note nach Hause kommt. Und es wäre nicht ehrlich, dem Kind mit strahlendem Gesicht kundzutun, dass man sich auch über diese »Leistung« freue. Wie wir gesehen haben, wird das Kind eine solche Heuchelei dank seiner empfindlichen Antennen für die Körpersprache sofort durchschauen – und misstrauisch werden. Viel ehrlicher und echter wäre dagegen folgender Kommentar: »Eine Fünf ist es nur geworden? Das finde ich richtig schade, wo du doch so viel geübt und dich so angestrengt hast. Das tut mir wirklich leid. Weißt du was? Wir essen erst einmal in Ruhe, und dann schauen wir uns das Arbeitsheft zusammen an. Pass mal auf – irgendwie bekommen wir das schon wieder in den Griff ...«

Was ist das Entscheidende bei dieser Botschaft an das Kind? Erstens wird ihm nicht verheimlicht, dass Sie *wirklich* enttäuscht sind. Und zweitens sagen Sie ihm klipp und klar, dass Sie ihm deswegen nicht böse sind. Sie finden die schlechte Note *für Ihr Kind* schade, ohne eine *eigene* tiefe Betroffenheit zur Schau zu tragen. Darin liegt eine eindeutige Geste des Verständnisses. Ihr Kind weiß, dass es auch bei der nächsten misslungenen Klassenarbeit nichts zu befürchten hat. Dieses Entgegenkommen wird seinen Eifer kaum mindern, sondern ihm vielmehr die Erwartungsangst nehmen. Genau das ist die beste Voraussetzung, jene ängstliche Verkrampfung zu verhindern oder zu lösen, die wir Konzentrationsstörung II genannt haben.

An dieser Stelle wird gern ein weiterer typischer Einwand vorgebracht: »Das ist ja alles schön und gut, was Sie da sagen. Aber Sie tun gerade so, als ob unsere Kinder die reinsten Mimosen wären. Psychologie hin, Psychologie her – man kann wirklich alles übertreiben. Sehen Sie, wir haben zwei Kinder, den Dirk und den Ralf. Und Sie können uns glauben: Wir haben keinen von beiden vorgezogen oder benachteiligt. Besonders in Bezug auf die Schule haben wir die beiden völlig gleich behandelt. Und was ist geschehen? Der Dirk, der jetzt zehn Jahre alt wird, hat schon am Abend vor einer Klassenarbeit Bauchschmerzen, und der Ralf – er ist sieben Jahre alt – geht fröhlich pfeifend in die Schule und kommt prompt mit viel besseren Noten nach Hause. Daran sehen Sie doch, dass wir Eltern nicht die Schuldigen sein können!«

Plausible Argumente – zumindest auf den ersten Blick. Doch so gern Eltern auch ihren Gerechtigkeitssinn in die Waagschale werfen, ist es völlig unmöglich, zwei Kinder absolut gleich zu behandeln. Vergessen wir nicht die Wirkung von Gestik und Mimik, welche »zwischen den Zeilen« immer wieder für ein unterschiedliches Maß an Zuwendung und Ablehnung sorgt. Eine Reihe von Beweisen für die unterschiedliche Behandlung von Geschwistern finden wir auch in der Zwillingsforschung: Selbst bei eineiigen Zwillingen, bei Kindern mit identischen Erbanlagen also, entdeckt man schon in jungen Jahren ganz erhebliche Unterschiede in vielen Persönlichkeitszügen – auch in Bezug auf ihr »dickes Fell« übrigens.

Wenn Ralf also pfeifend einer Klassenarbeit entgegenschreitet, so mag ihm – durch welche unterschwelligen Erziehungsfaktoren auch immer – ein dickeres Fell anerzogen worden sein als Dirk. Man darf nämlich nicht übersehen, dass Dirk drei Jahre lang Einzelkind und in dieser Zeit einer ganz anderen Erziehungssituation ausgesetzt war als sein jüngerer Bruder in seiner frühen Entwicklungsphase. Ebenso gut ist es aber auch möglich, dass Ralf von Natur aus weniger sensibel, weniger stressanfällig ist als sein älterer Bruder. Deswegen soll noch einmal ins Gedächtnis gerufen werden, was wir schon im Zusammenhang mit dem Temperament betont haben: Negative Erziehungseinflüsse müssen nicht unbedingt dazu führen, dass ein Kind ängstlich und verkrampft wird. Aber das Risiko, ein Kind zu verunsichern und ängstlich zu machen, wird durch eine (wie auch immer) strafende Erziehungshaltung um ein Vielfaches erhöht.

Diese Erfahrung dürfte auch uns (wirklich so angstfreien?) Erwachsenen gar nicht so fremd sein. Machen wir einen Ausflug in die Welt der Arbeit, in die Welt von Vorgesetzten und Untergebenen. Werfen wir einen Blick in ein Büro, in dem der »gestrenge Chef« ständig hinter dem Rücken seiner Mitarbeiter auftaucht, seinen Schreibkräften über die Schulter sieht und jeden – noch so kleinen – Fehler wortreich bemängelt. Sicher: einer »dickfelligen« Sekretärin entlocken solche Reaktionen nur ein müdes Lächeln. Aber wie sieht es mit sensiblen Mitarbeitern aus? Kaum ist der Chef in ihrer Nähe, geraten ihre Finger aus der Kontrolle. Ja, der Computer verselbständigt sich geradezu und produziert – wie von Geisterhand gesteuert – einen Schreibfehler nach dem anderen. Das hat aber kaum etwas mit Zauberei zu tun. Allein die Anwesenheit des autoritären Chefs (ja, der bloße Gedanke an ihn) reicht bei einigen Mitarbeitern schon aus, ihre Unsicherheit – und damit ihre Fehlerquote – rapide zu erhöhen. Oder haben Sie noch nie ein unsicheres Gefühl gehabt, wenn man Ihnen bei der Arbeit mit kritischem Interesse zugeschaut hat?

Genauso ergeht es vielen Kindern während der Klassenarbeit. Natürlich schauen die Eltern ihnen nicht kritisch über die Schulter. Aber in der kindlichen Phantasie sind sie allgegenwärtig. Und wenn ein Kind schon einmal wegen einer schlechten Note bei seinen Eltern in Misskredit geraten ist, schweben die befürchteten elterlichen Reaktionen wie ein Damoklesschwert über dem kleinen »Schwerstarbeiter« und führen häufig zu Unsicherheit und Verkrampfung – und damit zum

Versagen in der Klassenarbeit. Allerdings: Ein offenes »Donnerwetter«, Vorwürfe und Drohungen sowie die unterschwellig vermittelten Enttäuschungsgefühle sind nicht die einzigen Störquellen kindlicher Leistungsfähigkeit. Es gibt noch ein anderes fragwürdiges Reaktionsmuster, das jedoch so subtil ist, dass man es allzu leicht als pädagogisch sinnvoll verkennen könnte. Dazu ein Beispiel:
Lars war gerade acht Jahre alt und erschien mit seinen Eltern in unserer Beratungspraxis wegen deutlicher Schulangst, insbesondere bei Klassenarbeiten. Nach ausführlichem Gespräch mit seinen Eltern und nach intensiver psychologischer Untersuchung des Kindes ergaben sich keinerlei Hinweise auf Angst auslösende Erziehungseinflüsse. Dann führte der Zufall zur Erkenntnis: Während des Gesprächs mit den Eltern erschien der Junge mehrfach im Beratungsraum, um seine »Kunstwerke« zu präsentieren, die er im Spielzimmer in Form von gemalten Bäumen, Schiffen und Flugzeugen geschaffen hatte. »Das hast du sehr schön gemacht!« lobten beide. Und das klang durchaus aufrichtig. Doch dann schlich sich dieses kleine, kaum wahrnehmbare Wörtchen ein, das in seiner Winzigkeit nichts zu bedeuten schien, aber eigentlich für die gesamte Misere des Jungen verantwortlich war: *»Aber ...«!* Beim Baum waren es ein paar fehlende Äste, beim Schiff der unvollkommene Schornstein und beim Flugzeug das sachlich falsch angebrachte Triebwerk. *»Ja, aber ...«* – das war der Schlüssel zum Versagen des Kindes! Was auch immer der Junge den Eltern während seiner gesamten Entwicklung stolz präsentiert hatte – es wurde grundsätzlich zum guten Schluss mit einem »Aber« entwertet. So war es dem Knirps noch nie gelungen, dem hohen Leistungsanspruch seiner Eltern zu genügen. Was die Eltern als wohlgemeinte Ratschläge, ja als Förderung verstanden, war für ihr Kind ein zwar unausgesprochenes, aber dennoch vernichtendes Urteil: »Du kannst es uns nie, aber auch *wirklich nie* recht machen!« Ein solcher – häufig unausgesprochener – Leistungsanspruch der Eltern ist es, der viele Kinder ängstlich macht und im entscheidenden Augenblick der Klassenarbeit verkrampfen lässt.
Dabei braucht das Kind diesen Anspruch noch nicht einmal am eigenen Leibe zu erfahren. In einem Fall hatte ein Junge lediglich miterlebt, wie sein älterer Bruder in der Schule häufig versagt hatte und deswegen von den Eltern jahrelang in verschiedener Weise (auch mit

Schweigen!) bestraft worden war. Und obwohl die Eltern – aus Erfahrung klug geworden – ihrem jüngeren Sohn echtes Verständnis entgegenbrachten, verkrampfte sich dieser schon, als der erste Schultag vor der Tür stand.

»Und wieder einmal sind allein die Eltern schuld!« So oder ähnlich mögen dem Leser erneut unwirsche Gedanken durch den Kopf gehen. Doch schon das Wort »Schuld« ist bei unseren Überlegungen völlig fehl am Platze. Es geht hier einzig und allein darum, Ursache-Wirkungs-Zusammenhänge aufzuzeigen. Obwohl das Verhalten der Eltern mit den (ängstlichen) Reaktionen des Kindes äußerst eng verflochten ist, darf das noch lange kein Grund sein, sich schuldig zu fühlen oder gar zu resignieren. Im Gegenteil. Hier liegt die enorme Chance, durch eine kritische Beurteilung und Änderung des eigenen Verhaltens die Gefühle und Verhaltensweisen des Kindes positiv zu beeinflussen. Dies muss umso deutlicher betont werden, als gerade das Stichwort »Schuld« in der psychologischen Praxis nicht selten zum Dreh- und Angelpunkt des Beratungsgesprächs wird. Viele Eltern können einfach das Schuldgefühl nicht ertragen, letztlich doch an den Rechtschreibschwächen ihres Kindes unmittelbar beteiligt zu sein. Deshalb wird dann – meist unbewusst – ein massiver Abwehrmechanismus auf den Plan gerufen: Die »ungünstigen Erbanlagen«, die »böse Schule« oder andere Instanzen werden als Gründe für die Probleme des Kindes vorgeschoben – was natürlich den Willen zum Handeln und zur Veränderung der bestehenden Situation von vornherein beeinträchtigt oder gar lähmt.

Es liegt nun nahe zu fragen, *warum* viele Eltern ihre Kinder überhaupt so sehr unter Druck setzen. Tatsache ist doch, dass so gut wie alle Eltern für ihre Kinder nur »das Beste« wollen. Je schwieriger und dornenreicher sich jedoch der Weg zum ersehnten (möglichst höheren) Schulabschluss und in eine (hoffentlich erfolgreiche) Berufskarriere erweist, desto größer wird die (häufig nicht zugegebene) Angst der Eltern, ihr Kind könne eines Tages »arbeitslos auf der Straße sitzen«. So ist es kein Wunder, dass gerade im Zeitalter von Arbeitslosigkeit und Numerus clausus einige Eltern bereits den Kindergarten mit der Forderung bestürmen, man möge die Kinder schon jetzt auf das Rechnen und Schreiben vorbereiten – für alle Fälle. Eine ähnliche Triebfeder für

übermäßige Leistungsforderung ist der unbewusste Zwang vieler Eltern, ihr Kind möglichst zu jenen Erfolgen anzustacheln, die sie selbst nie verwirklichen konnten. Auch dahinter verbirgt sich eigentlich Angst, nämlich die ins Kind übertragenen eigenen – im Laufe der Zeit verdrängten – Befürchtungen zu versagen.
Was auch immer hinter einer übertriebenen Leistungsforderung der Eltern stecken mag, eines ist ganz sicher: Eine fordernde Erziehungshaltung erhöht das Risiko, dass ein Kind in eine »Leistungsmühle« gerät und letztlich durch das, was wir Konzentrationsstörung II genannt haben, scheitert.

Die beiden Gesichter der Konzentrationsstörung

Vielleicht ist nun der Eindruck entstanden, dass die Flüchtigkeitsfehler eines Kindes *entweder* durch Ablenkbarkeit *oder* durch Misserfolgsängstlichkeit verursacht werden. Das wäre jedoch eine zu einfache Sichtweise. Grundsätzlich sind *beide* Faktoren *gemeinsam* für die Rechtschreibfehler verantwortlich. Dabei zeigt die Erfahrung allerdings, dass in der Regel eine der beiden Störungen überwiegt. Gelegentlich kann sogar eine Störungsart in die andere übergehen. Wie kann man sich eine solche Wechselwirkung vorstellen?
Wir haben ja schon festgestellt, dass eine überfürsorgliche (und das heißt oftmals ängstliche) Erziehungshaltung zur Unselbständigkeit und geringen Anstrengungsbereitschaft des Kindes führen kann. Gleichzeitig – und das hängt ganz von der speziellen Persönlichkeit der Eltern und des Kindes ab – kann ein Kind aber durch die Ängstlichkeit seiner Eltern verunsichert werden. Gerade bei überfürsorglich erzogenen Kindern lässt sich folgender scheinbarer Widerspruch beobachten: Während der Hausaufgaben arbeiten sie langsam und abgelenkt und kommen oft nur mit geduldiger Hilfestellung vorwärts. Diese Gleichgültigkeit verliert sich aber in den Klassenarbeiten schlagartig. Jetzt versucht das Kind mit aller Kraft, sein Bestes zu geben. Da es aber nicht gelernt hat, zügig und selbständig zu arbeiten und sich überdauernd zu konzentrieren, geraten seine Leistungen viel schlechter (häufig im letzten Teil eines Diktats, wo es ja auch um Durchhalte-

vermögen geht!), als von den Eltern erwartet. Hier ist also Konzentrationsstörung I (Ablenkbarkeit, mangelnde Aufmerksamkeit) die Ursache für Konzentrationsstörung II (Misserfolgsangst).
Aber auch der umgekehrte Fall ist möglich: Ein Kind, das aufgrund seiner Misserfolgsängstlichkeit in der Schule ständig versagt hat, versucht sich allmählich innerlich gegen die unangenehmen Erlebnisse abzuschirmen. Die erlebte Angst wird immer mehr von dem Gefühl der Gleichgültigkeit »zugeschüttet«, bis sie sich schließlich vollständig in Resignation, zuweilen sogar in eine depressive Verstimmung (»Mir ist sowieso alles egal!«) verwandelt hat. In einem solchen Fall ist also Konzentrationsstörung I (deprimierte bis trotzige Lustlosigkeit) eine Folge von Konzentrationsstörung II (Misserfolgsangst).

Fassen wir zusammen:

Rechtschreiben ist in der Tat kein Kinderspiel, und die Möglichkeiten, Fehler zu machen, sind mannigfaltig. Um dem Kind die zahllosen Unannehmlichkeiten zu ersparen, die ihm aus einer schlechten Rechtschreibung erwachsen, sollten wir versuchen, gegen den »Fehlerteufel« anzugehen. Um die Gründe für Rechtschreibfehler besser zu verstehen, haben wir zwei Fehlertypen herausgestellt:

Fehlertyp I: Ein Kind macht einen Fehler, weil es wirklich nicht weiß, wie das Wort geschrieben wird. Hier spielen einerseits das Denken, Lernen und Behalten eine Rolle, also Fähigkeiten, die bei Kindern unterschiedlich ausgeprägt sind und auch verschiedenen intellektuellen sowie emotionalen Störungen unterworfen sein können. Andererseits leistet aber auch mancher Rechtschreibunterricht (sofern er methodische Mängel aufweist) seinen nicht unerheblichen Beitrag zum Fehlertyp I.

Fehlertyp II: Ein Kind macht einen Fehler, obwohl es eigentlich weiß, wie das Wort geschrieben wird. Solche Flüchtigkeitsfehler sind nicht nur flüchtig, sondern können auch Ausdruck von Misserfolgsangst sein. Für Fehlertyp II sind zwei Arten von Konzentrationsstörungen verantwortlich:

Konzentrationsstörung I:	Ablenkbarkeit, Verspieltheit, Lustlosigkeit
Konzentrationsstörung II:	Ängstliche Verkrampfung

Aus diesem Erklärungsschema leiten wir ganz praktische Konsequenzen ab: Wenn ein Kind (zu) viele Wörter aus Unkenntnis falsch schreibt, dann müssen diese Wörter mit einem systematischen Lernprogramm »eingeschliffen« werden. Dadurch wird zwangsläufig auch die Anzahl der Flüchtigkeitsfehler verringert. Denn: Je fester ein Wort gespeichert ist, desto weniger läuft es Gefahr, aus Flüchtigkeit oder aus einem ängstlichen Zweifel heraus falsch geschrieben zu werden. Die Flüchtigkeitsfehler können wir zudem durch eine Verbesserung der Konzentrationsfähigkeit des Kindes ausmerzen. Dabei darf allerdings nicht allein das Kind im Zentrum unserer Aufmerksamkeit stehen. Es gilt freilich auch das psychologische Umfeld – vor allem unser eigenes Verhalten – kritisch zu prüfen und, wenn nötig, zu verändern.

Die Vorbereitungsphase

Wir haben nun verschiedene Gründe für die Rechtschreibfehler unserer Kinder aufgezeigt und versucht, eine überschaubare Ordnung in die vielfältigen Ursache-Wirkungs-Mechanismen zu bringen. Eigentlich könnten wir jetzt mit dem Lernspiel beginnen, und es wäre nicht einmal ausgeschlossen, dass recht bald zählbare Erfolge sichtbar würden – insbesondere, was Fehlertyp I betrifft. Doch wenn wir dem Kind wirklich auf Dauer weiterhelfen und auch seine eventuellen Konzentrationsschwierigkeiten (und ihre Ursachen!) in Angriff nehmen wollen, dann müssen wir uns zunächst mit unseren eigenen Verhaltensweisen kritisch auseinandersetzen. Wir haben ja schon gesehen, wie eng die Rechtschreibprobleme des Kindes mit dem elterlichen Verhalten verflochten sind. Also wird es unumgänglich sein, diese familiären Rahmenbedingungen systematisch zu beobachten und eventuell zu verändern.

Dabei sollten wir noch eine weitere Überlegung berücksichtigen: Einige Psychologen vermuten hinter dem Rechtschreibproblem eines Kindes prinzipiell einen tiefen seelischen Konflikt. »Hier liegt eine ernsthafte Störung im familiären Beziehungsgeflecht vor«, sagen sie, »welche den beteiligten Personen gar nicht bewusst ist.« Demzufolge raten sie von jeder bloßen Verhaltensveränderung und erst recht von jeder mechanischen Schreibübung ab und empfehlen stattdessen eine tiefenpsychologische Therapie für Kind und Eltern. Doch sollen wir Monate oder Jahre warten, bis ein solcher Therapieplatz frei wird?

Und sollen wir untätig darauf hoffen, dass uns – vielleicht in ferner Zukunft – durch eine Therapie geholfen werden kann? Ist es nicht viel sinnvoller, in Selbsthilfe zu versuchen, das Rechtschreibproblem unseres Kindes zu lösen? Zumal ja keineswegs jeder orthographische Fehler ein seelisches Notsignal bedeutet und deshalb nicht jedes rechtschreibschwache Kind gleich zum Psychologen gebracht und bis in die tiefsten Gründe seiner kleinen Seele durchleuchtet werden muss. Wir haben ja schon gesehen, dass Fehlertyp I in erster Linie durch einen Mangel an Übung verursacht wird. Und selbst dann, wenn ein Eltern-Kind-Konflikt hinter dem Rechtschreibproblem zu vermuten ist, muss man sich nicht unbedingt in tiefere seelische Regionen versenken, um die Situation zu verbessern. Das heißt natürlich nicht, dass wir unbewusste seelische Probleme ignorieren sollten. Im Gegenteil. Wir legen ja ganz besonderen Wert auf das psychologische Umfeld des Rechtschreibproblems, um nicht nur die Anzahl der orthographischen Fehler zu verringern, sondern auch die Eltern-Kind-Beziehung und – nach Möglichkeit – das *gesamte* Erziehungsklima zu verbessern.

Doch gelingt das immer? Natürlich nicht! Es gibt eine Reihe von Familienkonflikten, die nur dann lösbar sind, wenn man in ausführlichen Gesprächen versucht, die zugrunde liegenden seelischen Probleme aufzuspüren und zu lösen. Nur so ist es möglich, die oftmals zwanghaft eingeschliffenen Verhaltensmuster von Eltern und Kind entscheidend zu verändern.

Eine unbewusste Barriere dieser Art kann auch die Durchführung unseres Lernspiels erschweren oder unmöglich machen, weil es den Eltern einfach – aus welchen Gründen auch immer – an Geduld und Durchhaltevermögen mangelt und dem Kind Einsicht und Bereitschaft fehlen, bei den Übungen mitzuziehen. Unter solchen Umständen empfiehlt es sich natürlich, eine psychologische Praxis oder Erziehungsberatungsstelle aufzusuchen.

Auch die familiäre Situation steht auf dem Prüfstand, wenn es darum geht, die Ursachen für die Rechtschreibschwäche Ihres Kindes aufzufinden. Lesen Sie im nächsten Kapitel, welche Verhaltensweisen Ihr Kind beeinflussen und wie Sie ihm aktiv helfen können.

Der Blick aufs eigene Verhalten

Der Erfolg des Rechtschreibspiels hängt nicht zuletzt von einer kritischen *Selbstbeobachtung* der Eltern ab. Das ist vor allem dann sehr wichtig, wenn beim Kind Flüchtigkeitsfehler (Fehlertyp II) überwiegen und diese offenbar durch Misserfolgsangst (Konzentrationsstörung II) verursacht werden. Sicher: Selbstkritik ist nicht gerade angenehm und – wenn sie systematisch erfolgen soll – obendrein lästig. Für viele Eltern also Grund genug, eine entsprechende psychologische Empfehlung kurzerhand vom Tisch zu fegen: »Ich kenne mich gut genug und weiß auch ohne lange Beobachtung, wie ich mich verhalte.« Aber das ist ein Irrtum! Es ist nämlich erstaunlich, was man alles an sich selbst entdecken kann, wenn man sich eine Zeit lang aufmerksam beobachtet. Machen wir uns also die kleine Mühe, unser eigenes Verhalten unter die Lupe zu nehmen!

Der Ton macht die Musik

Dass ein Stück Selbstkritik als Voraussetzung für unser Lernspiel wirklich notwendig ist, kann folgende Szene verdeutlichen:
Während einer Beratungsstunde diktiert die Mutter ihrem neunjährigen Stefan einige Sätze, um den Ablauf unseres Lernspiels zu trainieren. Da wir gerade kein Schreibpapier mit Linien zur Hand haben, müssen wir uns mit Rechenkästchenpapier behelfen. Stefan wird gebeten, jeweils eine Zeile freizulassen, damit man den Text besser lesen kann. Doch kaum ist die erste Zeile vollgeschrieben, hat er diese Anweisung schon wieder vergessen. »Lass bitte eine Zeile frei!« erinnert ihn seine Mutter (noch)

freundlich. Am nächsten Zeilenanfang das gleiche Problem: »Du sollst doch eine Zeile freilassen ...!« ermahnt die Mutter ihren Sohn schon etwas ungeduldiger. Beim dritten Mal zischt sie nur noch: »Mensch, pass doch auf!« Wir haben unsere kleine Übung mit einem Kassettenrekorder aufgezeichnet. Nach einigen Minuten wird die Mutter gefragt: »Ist Ihnen während des Diktats an der Art, wie Sie mit Ihrem Jungen gesprochen haben, irgendetwas aufgefallen?« Sie verneint und ist der Überzeugung, mit ihrem Sohn in gleichmäßig ruhiger Weise gesprochen zu haben. Nun fragen wir den Jungen selbst, der ganz spontan feststellt: »Die Mutti ist immer aufgeregter geworden.« Zur Kontrolle lassen wir das Tonband ablaufen und nun fällt die Mutter aus allen Wolken: »Was – *das* bin ich? Das ist ja schlimm!«

Ohne jedoch gleich in Selbstvorwürfe zu verfallen, sollten wir uns unserer sprachlichen Eigenarten – mit denen wir so gedankenlos umgehen – bewusst werden. Beobachten wir deswegen unsere Stimme und die Art und Weise, *wie* wir mit unserem Kind sprechen. Denn allzu oft ist es der Tonfall der Stimme, der bereits die »Musik« macht. Dabei hat es sich als außerordentlich nützlich erwiesen, sein eigenes Verhalten nicht nur in bloßer Erinnerung zu behalten (das hat man nach zwei Tagen ohnehin wieder vergessen), sondern es schwarz auf weiß zu notieren. Auch im weiteren Verlauf unserer gemeinsamen Bemühungen werden wir uns daran gewöhnen müssen, einige Notizen zu machen. Natürlich ist es nicht notwendig, jedes Gespräch oder gar jede einzelne Bemerkung schriftlich festzuhalten. Die Situationen des Alltags wechseln viel zu schnell, als dass man ständig den Tonfall seiner Stimme erfassen könnte. Uns geht es lediglich darum, eine gewisse Tendenz herauszufinden und festzuhalten, welcher Tonfall im Umgang mit dem Kind (vor allem im Leistungsbereich) überwiegt. Und dabei kann uns das Diagramm auf S. 49 helfen.

Wie erhält man ein solches Diagramm, und was bedeutet es? Beobachten Sie sich im Laufe eines Tages ganz bewusst und bewerten Sie Ihre sprachlichen Äußerungen, die Sie in Richtung Kind aussenden nach den fünf Kategorien, die unter der Überschrift »Mein Umgangston«

Mein Umgangston

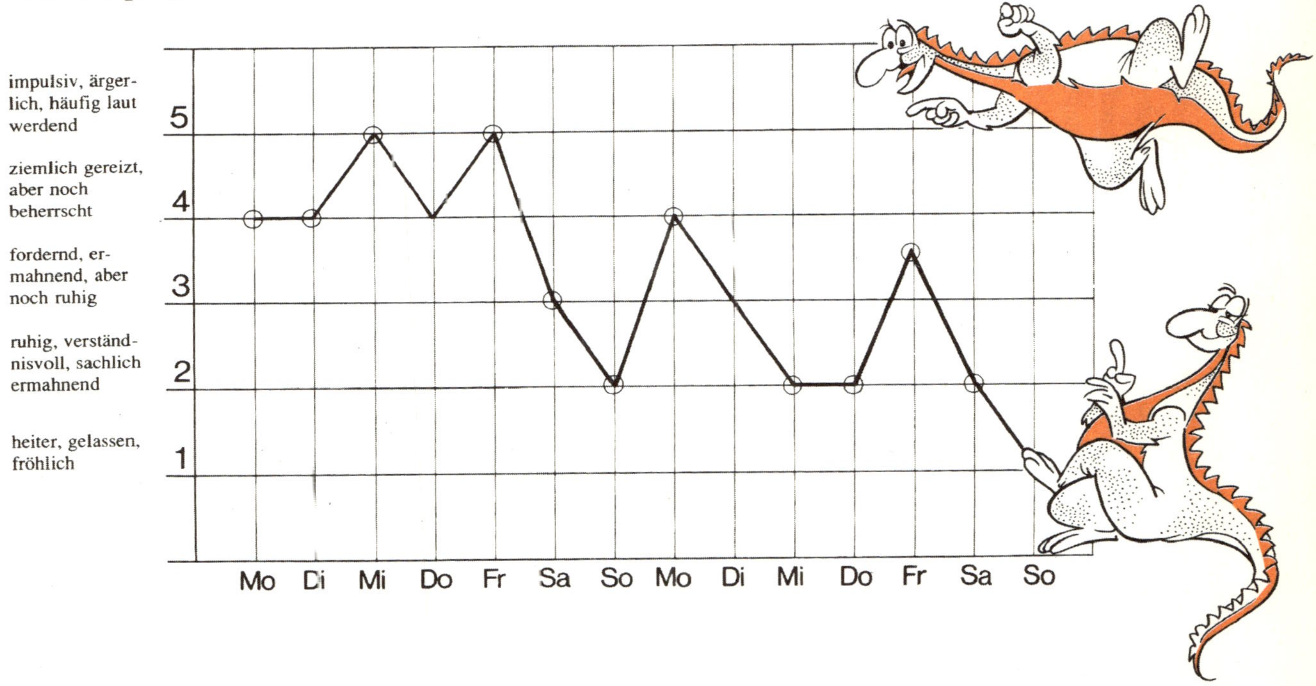

aufgezählt sind. Da Ihr Tonfall – ebenso wie Ihre Stimmung – im Laufe eines Tages schwanken mag, entscheiden Sie sich dabei für einen Durchschnittswert. Falls Sie nur in bestimmten Situationen gereizt und impulsiv reagieren sollten, notieren Sie sich unbedingt auch diese besonderen Umstände. Verlassen Sie sich aber nicht nur auf Ihr eigenes Urteil, sondern fragen Sie auch Ihr Kind und Ihren Ehepartner (bzw. Ihre Ehepartnerin), wie Sie auf Außenstehende gewirkt haben.
Am Abend des ersten Tages geben Sie sich dann Ihr erstes Kreuz in Höhe jener Bewertung, die überwiegend auf Sie zugetroffen hat. Können Sie sich nicht für eine Kategorie entscheiden, dann machen Sie Ihr Kreuz ruhig zwischen zwei Beurteilungen. Genauso verfahren Sie an den folgenden Tagen. Wenn Sie nun die einzelnen Punkte miteinander verbinden, erhalten Sie ein Stimmungsbarometer, wobei allerdings ein Hoch, ein Gipfel in der Kurve, eine besonders gereizte Stimmung widerspiegelt. Nun können Sie mühelos ablesen, wie Ihr Umgangston (als Spiegel Ihrer inneren Verfassung) in den letzten Tagen ausgesehen hat. Möglicherweise bekommen Sie schon hier den ersten konkreten Hinweis darauf, warum Ihr Kind oft so »unerklärlich« bockig, gereizt oder auch ängstlich ist.
Unser Beispiel auf Seite 47 stammt von einer Mutter, die im Alltagsstress recht gereizt reagierte und sich nur mit Mühe beherrschen konnte. Lediglich am Wochenende fand sie jenen Umgangston, der eigentlich für ein angenehmes Familienklima notwendig wäre. Die zweite Woche begann gleich wieder ziemlich gereizt, aber wenn man den Verlauf der Kurve aufmerksam verfolgt, stellt man fest, dass sich ein positiver Trend abzeichnet: In der zweiten Woche war die Mutter insgesamt nicht mehr so »unter Dampf« wie in der ersten Woche. Am zweiten Sonntag gelang es ihr sogar, den ganzen Tag lang eine heitere, gelöste Stimmung zu bewahren.
Unser Diagramm kann also dabei helfen, viele scheinbar grundlose »Mucken« des Kindes besser zu verstehen. Gleichzeitig führt eine gute Selbstbeobachtung häufig dazu, dass man seinen Umgangston verändert. Versuchen Sie deshalb das Profil Ihres Erziehungsklimas möglichst ehrlich in dem Diagramm auf der folgenden Seite einzuzeichnen:

Mein Umgangston

		Mo	Di	Mi	Do	Fr	Sa	So	Mo	Di	Mi	Do	Fr	Sa	So
impulsiv, ärgerlich, häufig laut werdend	5														
ziemlich gereizt, aber noch beherrscht	4														
fordernd, ermahnend, aber noch ruhig	3														
ruhig, verständnisvoll, sachlich ermahnend	2														
heiter, gelassen, fröhlich	1														

Anerkennung und Ablehnung – »Geheimwaffen« der Erziehung

Nach der selbstkritischen Analyse, *wie* Sie mit Ihrem Kind sprechen, kommt nun noch eine kleine Aufgabe auf Sie zu: Es geht um die Frage, *was* Sie Ihrem Kind sagen. Auch bei dieser Protokollführung sind wir in der Differenzierung unserer Äußerungen sehr großzügig. Es geht uns nur um eine einzige Unterscheidung: zum einen um die *Anerkennung* des Kindes, zum anderen um Kritik und Ermahnung, d.h. um seine *Ablehnung*. Dabei müssen wir uns vergegenwärtigen, dass in jeder Ermahnung und Kritik – mehr oder weniger direkt – zumindest aus der Sicht des Kindes auch eine Ablehnung verborgen ist und dass auch die Wendung »Ja, aber ...« – wie wir gesehen haben – eine geschickt verschlüsselte, aber äußerst wirksame Ablehnung des Kindes bedeuten kann.

Bevor wir zu unserem zweiten Diagramm kommen, sollte Sie allerdings eine Vorüberlegung trösten: Nicht nur in der Kindererziehung, sondern in unserer gesamten Gesellschaft spielen Lob und Anerkennung eine ganz eigenartige Rolle. Sie sind Stiefkinder des menschlichen Miteinanders. Was zufriedenstellend, gut und richtig erledigt wird – das bedarf im Beruf wie im Familienkreis keines weiteren Kommentars. Was hingegen der Erwartung *nicht* entspricht, wird in allen Schattierungen bemängelt, kritisiert, ja schonungslos verrissen.

So ist es kein Wunder, dass in sehr vielen Familien eine ehrliche Bilanz von Lob und Tadel zugunsten des Tadels ausfällt. Ja, allzu oft erfährt das Kind ein Vielfaches an Ablehnung, gemessen an der spärlichen Anerkennung, die ihm – Brosamen gleich – hier und da zugeworfen wird.

Ein zu hartes Urteil? Werfen wir doch einen Blick in ein realistisches Diagramm, das eine durchschnittliche Erziehungssituation widerspiegelt. Eine Mutter wurde gebeten, darüber Buch zu führen, wie oft sie mit ihrem Kind schimpft, es kritisiert und ablehnt und andererseits wie oft sie es lobt und anerkennt. Sie machte sich täglich eine Strichliste über ihre Äußerungen und trug das jeweilige Ergebnis in folgendes Diagramm ein:

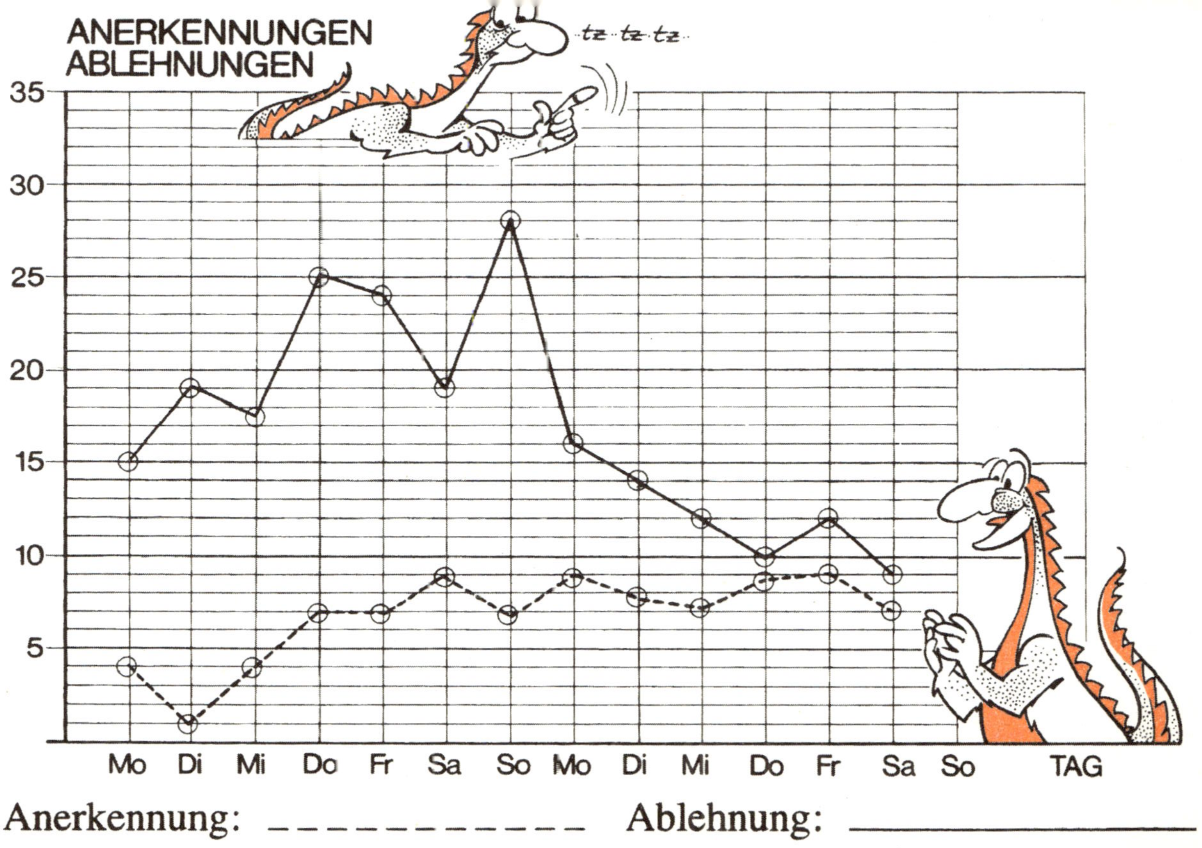
ANERKENNUNGEN
ABLEHNUNGEN
tz tz tz
35
30
25
20
15
10
5
Mo
Di
Mi
Do
Fr
Sa
So
Mo
Di
Mi
Do
Fr
Sa
So
TAG
Anerkennung: - - - - - - - - - - - -
Ablehnung: ______________

Dieses Diagramm sollte uns nachdenklich stimmen. Am ersten Tag (Montag) hatte die Mutter das Kind fast viermal (!) soviel kritisiert wie anerkannt. Und dieses deutliche Missverhältnis stieg am folgenden Tag sogar noch an. Verfolgen wir den Verlauf der Kurven jedoch weiter, so sieht man, dass die Anerkennungskurve allmählich ansteigt und die Kritikkurve – nach einem Gipfel am offenbar turbulenten Sonntag – vermutlich als Folge der Selbstbeobachtung immer flacher wird.

Interessant war die erfreuliche Auswirkung dieser Verhaltensveränderung der Mutter: Das »trotzige«, »unartige« Kind wurde schon nach zwei Wochen viel umgänglicher und kooperativer. Und dies alles geschah, obwohl die Mutter gar nicht ausdrücklich darum gebeten worden war, sich in ihrer Kritik zurückzuhalten.

Was bedeutet das für uns? Diese Erfahrung beweist nichts anderes, als dass allein schon die bloße Selbstkontrolle, das einfache Zählen und Notieren von bestimmten Verhaltensweisen zu ihrer nachhaltigen Änderung führen kann – wie wir ja schon am Beispiel des Umgangstons festgestellt haben. Füllen Sie deshalb auch das Diagramm auf Seite 53 aus, indem Sie Ihre Anerkennungen und Ablehnungen gegenüber dem Kind in zwei getrennten Kurven festhalten.

Auch bei dieser Selbstbeobachtung ist es nicht notwendig, jede einzelne Bemerkung präzise festzuhalten. Es genügt schon, sich einen Zettel vorzubereiten, auf dem Sie im Laufe des Tages eine Strichliste anlegen, die dann am Abend ausgezählt wird.

Bei der Einschätzung Ihrer Äußerungen gelten *sachliche Hinweise* (»Räumst du bitte deine Schultasche weg?«, »Das Essen ist fertig«, »Wasch dir bitte die Hände«, usw.) natürlich *nicht* als Ablehnung. Erst wenn der Ton schärfer wird (»Ich hab dir doch schon hundertmal gesagt, dass ...«, »Wenn du jetzt nicht endlich ..., dann ...!« usw.), muss eine solche *emotional geladene Ermahnung* – ob berechtigt oder nicht, spielt für unser Diagramm keine Rolle – als Ablehnung gewertet werden. Und vergessen Sie bitte nicht, die winzige Wendung »Ja, aber ...« mitzuzählen!

Was die Anerkennung betrifft, werden natürlich nicht nur überschwängliche Lobeshymnen gezählt. Schon die beiläufige Be-

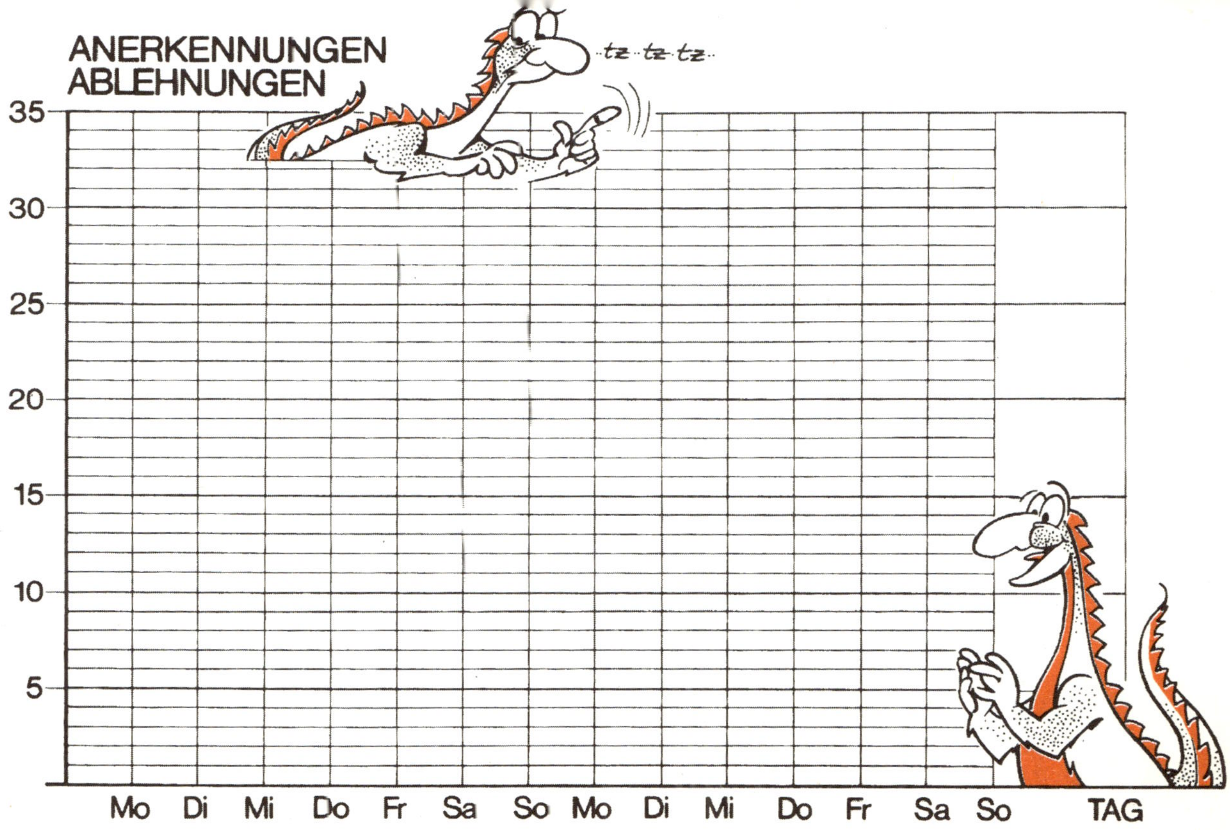
ANERKENNUNGEN
ABLEHNUNGEN
tz tz tz
35
30
25
20
15
10
5
Mo Di Mi Do Fr Sa So Mo Di Mi Do Fr Sa So
TAG

merkung: »Danke, das ist lieb von dir« hat für das Kind eine eindeutig anerkennende (und damit aufbauende und verstärkende) Funktion.
Wenn Sie nun nach einer Woche unsere beiden Diagramme (»Umgangston« sowie »Lob und Tadel«) kritisch überprüfen, können Sie sich ein plastisches Bild von Ihrer Erziehungshaltung machen. Sollten Sie im ersten Diagramm vorwiegend bei den Ziffern 4 und 5 liegen und meldet das zweite Diagramm deutlich mehr Ablehnung als Zuwendung, dann haben Sie *einen* wesentlichen Grund dafür gefunden, warum es zwischen Ihnen und Ihrem Kind häufig Reibereien gibt und warum seine Rechtschreibleistungen durch mangelnde Konzentration beeinträchtigt werden. Dann empfiehlt es sich auf jeden Fall, die Buchführung Ihres Verhaltens noch eine Zeit lang fortzusetzen – natürlich mit der Absicht, freundlicher zu werden.

Wut und Ärger – Gegenspieler unserer Selbstkontrolle

Bei der Empfehlung, seine ärgerlichen, gereizten oder wütend-impulsiven Reaktionen zurückzunehmen, erhebt sich häufig ein gewaltiger Proteststurm empörter Eltern: »Das ist typisch für die Psychologen: Als Außenstehender gute Ratschläge geben – das kann jeder! *Wir* sollen unser Verhalten verändern, *wir* sollen dauernd auf das Kind Rücksicht nehmen, ganz gleich, wie frech es ist. Und wer nimmt auf *uns* Rücksicht? Auf unseren Nerven kann man ja ruhig herumtrampeln!«
Noch drastischer formulierte es eine Mutter, die den Ratschlag zur Selbstkontrolle als Appell an eine absolute Selbstbeherrschung missverstanden hatte. Nach zwei Wochen erschien sie wieder in der Beratungspraxis und es sprudelte nur so aus ihr heraus: »Also – ich habe nicht mehr geschimpft, nicht mehr genörgelt, nicht mehr ermahnt. Habe alles runtergeschluckt. Und Sie haben ja Recht: Der Jörg ist viel ruhiger, viel lieber und umgänglicher geworden. Alles gut und schön – aber wenn ich das noch eine Woche lang durchhalten soll, dann gehöre *ich* auf die Couch des Psychiaters!«

Doch so absolut, so rigoros ist unser Vorschlag zur Selbstkontrolle gar nicht gemeint. Es geht nicht darum, *jeden* Unmut hinunterzuschlucken, jeden Ärger um des lieben Friedens willen kurzerhand unter den Teppich zu kehren. Selbstverständlich ist eine sachliche Kritik ein wichtiges Mittel für eine ausgewogene Erziehung und die eine oder andere lebhafte Auseinandersetzung in der Familie das Natürlichste von der Welt. Unser Anliegen ist ganz bescheiden: Wir wollen lediglich in kleinen Schritten versuchen, einen gewissen »Kontenausgleich« zwischen dem »Soll« der Ablehnung und dem »Haben« der Zuwendung zu schaffen, mehr nicht. Und das ist mit etwas gutem Willen und einem bisschen Durchhaltevermögen auch ohne Selbstvergewaltigung möglich. Unsere Beispiel-Diagramme haben ja gezeigt, dass allein schon durch eine konsequente Selbstbeobachtung das ständige fruchtlose Schimpfen und Ermahnen ohne große Mühe, ja fast automatisch verringert werden kann. Auch in zahlreichen Elterngesprächen hat sich immer wieder bestätigt, dass ein Großteil der gedankenlos ausgesprochenen Ermahnungen und Beschimpfungen (insbesondere im schulischen Bereich) eigentlich überflüssig und völlig nutzlos ist und sich ohne weiteres abstellen ließe – wenn man sich nur die Mühe machte, eine Zeit lang bewusst darauf zu achten. Der Lohn dieser Anstrengung ist verlockend: Eltern bekommen durch ihren »Kontenausgleich« von Ablehnung und

Zuwendung (es kann auch nicht schaden, wenn sie ein wenig ins »Haben« geraten!) beim Kind eine Art »Kredit«: Es ist nunmehr viel eher bereit, seinen Eltern zuliebe eigene Wünsche zurückzustellen und auf ihre Wünsche und Bedürfnisse mehr Rücksicht zu nehmen.

Diese schöne Erfahrung machte eine Mutter eines Tages dank eines Zufalls: Sie berichtete, dass sie mit ihrem zehnjährigen Oliver in ständigem »Kleinkrieg« lebte. Er tat grundsätzlich nicht, was sie von ihm verlangte; was er jedoch nicht tun sollte, machte er hingegen mit geradezu diebischem Vergnügen. Noch bevor die Mutter mit ihrer Selbstbeobachtung beginnen konnte, erkrankte sie an einer schweren Grippe. Nun war sie weder in der Lage, ihrem »ungezogenen« Sohn mit Schimpftiraden den »Kopf zu waschen«, noch seine »Faulheit« und »Ungefälligkeit« wortreich zu missbilligen. Die Krankheit hatte all ihre impulsiven Temperamentsausbrüche vorübergehend verebben lassen. Und siehe da: Es vergingen kaum zwei Tage, da klopfte es morgens – der Vater war schon zur Arbeit gegangen – an der Schlafzimmertür. Der »ungezogene, kaum zu bändigende« Oliver stand im Türrahmen, auf den Händen ein Frühstückstablett, das er seiner kranken Mutter behutsam reichte. Wie lässt sich dieser Gesinnungswandel erklären? Wegen der (unfreiwillig) ausgebliebenen Kritik war offenbar das »Konto« der Mutter entlastet worden. Überdies hatte Oliver die Erfahrung machen können, dass seine Mutter gar nicht so allmächtig und stark war, wie sie sich immer darzustellen versuchte. Die Wahrnehmung dieses »menschlichen« Charakterzuges ließ Oliver jede aggressive Opposition vergessen und seine *tatsächlichen* Gefühle an die Oberfläche treten: Zuneigung und Fürsorge!

Aber selbst dann, wenn man wirklich gute Gründe hätte, sich über sein Kind mächtig zu ärgern, bliebe immer noch zu fragen, *wie* man seinem Ärger Luft machen sollte – ob auf explosive oder sanftere Weise. Das ist zunächst eine Frage des Temperaments, gewiss. Aber auch ein überschäumendes Naturell lässt sich – im Falle eines drohenden Wutausbruchs – zügeln. Es wäre natürlich keine Lösung, seine Wut einfach hinunterzuschlucken, wie wir schon am Beispiel der selbstbeherrschten Mutter gesehen haben. Denn in der Unterdrückung der Gefühle zeigt sich weniger ein standfester Charakter als die beste Voraussetzung für ein quälendes Magengeschwür oder für andere psychosomati-

sche Erscheinungen. Ärger und Wut, die im Bauch bleiben, haben nun mal die Eigenschaft, schlecht verdaulich zu sein.
Also soll man doch lieber seinen zornigen Impulsen sofort nachgeben, laut schimpfen oder gar schlagen, um sich möglichst schnell dieses unangenehmen Drucks zu entledigen? Viele Eltern sind in der Tat davon überzeugt, dass ein kurzes »Donnerwetter« die familiäre Atmosphäre wieder reinigen kann. Dabei vergessen sie, dass diese Art von Aggressionsentladung nichts weiter als neue (oft heftigere) Gegenaggressionen des Kindes hervorruft oder seine Angstbereitschaft erhöht. Aus diesem Dilemma kann folgende Strategie heraushelfen:

1. Schritt: Wahrnehmung des eigenen Gefühls. Besonders wenn es um negative Gefühle wie Wut und Ärger geht, lieben wir es, sie vor uns selbst zu verleugnen. Denn sie stellen ja eine Art Versagen bei der Aufgabe dar, in seinem Leben Zufriedenheit und Glück zu empfinden. Doch das ist ein folgenreicher Selbstbetrug. Was soll man aber tun? Allein der zu sich selbst gesprochene ehrliche Satz: »Ich bin jetzt sauer (wütend, geladen usw.)« ist eine gute Basis für die Bewältigung dieses peinlichen Unbehagens.

2. Schritt: Sich zu seinem Ärger bekennen. Dieser Schritt hängt eng mit dem ersten zusammen. Denn wer Wut und Ärger grundsätzlich als unwürdig empfindet, wird so etwas nicht gern bei sich wahrnehmen wollen. Also sollten wir akzeptieren, dass solche Regungen keinen Betriebsunfall im Seelenleben darstellen, sondern ein Teil von uns selbst sind.

3. Schritt: Ursachen des Ärgers feststellen. Nachdem wir den Ärger erkannt und akzeptiert haben, ist es wichtig, seine *wirklichen* Ursachen zu lokalisieren. Denn wenn der Vater Ärger bei der Arbeit hatte und die Mutter Streit mit der Nachbarin und sich beide Eltern dieser Ursachen deutlich bewusst sind, wird es ihnen nur noch schwerlich möglich sein, das Kind als Sündenbock, als »Blitzableiter« sozusagen, zu missbrauchen. Der Gedanke: »Ich bin jetzt wütend, weil ...« ist also der Schlüssel zum letzten Schritt:

4. Schritt: Sprachliches Äußern des Gefühls. Das ist der entscheidende Punkt der ganzen Aktion. Wer mit Zornesfalten auf seiner Stirn herumläuft, verbreitet schnell Unsicherheit und eine vage, aber deutlich spürbare Bedrohung (»Warte nur ab, bis Vati nach Hause kommt ...«). Wenn man hingegen seine Gereiztheit und ihre Gründe offen ausspricht, so führt dies zu einem zweifachen Erfolg: Erstens fühlt man sich selbst erleichtert und zweitens weiß das verunsicherte Kind sofort, woran es ist. Manche schwelende und belastende Spannung in der Familie könnte durch den einfachen Satz »Du, ich bin ärgerlich, weil ...« schlagartig gelöst werden.

Es ließe sich an dieser Stelle noch viel sagen über das Problem von Lob und Tadel, von Lohn und Strafe und auch über die schwierige Rolle der häufig überlasteten Hausfrau und Mutter, die allzu oft von ihrem Ehemann kurzerhand zur Alleinerzieherin gekürt wird (»Erziehen? Das ist Sache meiner Frau!«). Da es uns hier aber vornehmlich um die Rechtschreibung des Kindes geht, sollten wir es bei diesen Vorschlägen und Empfehlungen belassen, in der Hoffnung, dass sie dabei helfen können, eine gespannte Familienatmosphäre tatsächlich zu lockern. Die ganz erstaunte Frage unseres Kindes: »Du schimpfst ja gar nicht mehr – bist du krank?« wäre dabei das schönste Kompliment für den Erfolg unserer Bemühungen.
Die Diagramme auf den Seiten 49 und 53 haben Ihnen Aufschluss über den Umgangston und über das Verhältnis von Ablehnung und Zuwendung in Ihrem Familienalltag gegeben. Wahrscheinlich wird bereits die Selbstbeobachtung eine Verbesserung bringen. Um auch Ihren Ärger besser zu kontrollieren, versuchen Sie in der jeweiligen Situation die »Strategie der vier Schritte« zu befolgen:

1. Wie fühle ich mich?
2. Kann ich mich zu meinem Ärger bekennen?
3. Wo liegen die Ursachen meines Ärgers?
4. Mit welchen Worten kann ich meinen Ärger ausdrücken, damit mein Kind mich versteht?

Das Rechtschreibproblem unseres Kindes

»Und dann sollten Sie mal Sabines Diktate sehen! Da wimmelt es nur so von Fehlern ...« – so oder ähnlich machen viele Eltern im Beratungsgespräch ihrer Empörung Luft. Fragt der Berater dann genauer nach, was für Fehler das Kind denn macht, erhält er meist nur spärliche oder vage Informationen wie: »... nur dumme Fehler macht Sabine! Ich verstehe das gar nicht: Leichte Wörter schreibt sie falsch, schwere schreibt sie richtig. Dann vergisst sie dauernd die i-Punkte. Das kann man ihr hundertmal sagen – glauben Sie, das wird besser?« Und wenn der Berater dann noch etwas präziser nachhakt (z.B.: »Wie viele Fehler macht Sabine denn?«), blickt er nicht selten in ganz verdutzte Gesichter. Viele Väter antworten lakonisch: »Da müssen Sie meine Frau fragen!« und haben den »schwarzen Peter« des Misserfolgs gleich an die – wie sie meinen – zuständige Adresse weitergereicht. Die betroffenen Mütter wissen es gewöhnlich aber auch nicht besser: »Wie viele Fehler? Na, Sie können Fragen stellen! Unter den meisten Diktaten steht eine Fünf – das sagt doch wohl alles, oder?« Nein, so muss man ganz hartnäckig erwidern, das sagt nur sehr wenig. Wenn man sich die Arbeitshefte der Kinder nämlich genauer ansieht, entdeckt man, dass sich mangelhafte Diktate erheblich voneinander unterscheiden können:
Erstens kann die *Fehlerzahl* ganz unterschiedlich ausfallen. Der eine Schüler hat acht Fehler gemacht und wird deswegen schon mit einer Fünf bestraft, der andere liegt wegen 17 Fehlern – wie man sagt – unter dem Strich. Und auch bei ein und demselben Kind weisen die Diktate gewöhnlich mal mehr, mal weniger Fehler auf. Doch selbst dann, wenn wir die absolute Fehlerzahl in den verschiedenen Diktaten unse-

res Kindes genau verfolgen, bleibt der so gewonnene Eindruck oberflächlich. Denn: Abgesehen von ihrem unterschiedlichen Schwierigkeitsgrad sind die Diktate meist auch unterschiedlich lang. Diese Schwankungen werden zwar vom Lehrer bei der Notengebung berücksichtigt, aber das grobe Raster des Notensystems sagt nichts darüber aus, auf welchem *individuellen* Fehlerniveau sich unser Kind befindet. Um das zu erfahren, müssen wir wissen, wieviel *Prozent* Fehler – wie viele Fehler bei 100 geschriebenen Wörtern also – das Kind durchschnittlich macht. Diese wichtige Information ist den meisten Eltern allerdings völlig unbekannt. Oder können Sie auf Anhieb sagen, ob Ihr Kind im Durchschnitt fünf, acht oder zehn Fehler pro 100 Wörter macht?

Zweitens liefert uns die *Fehlerart* aufschlussreiche Informationen über die Entwicklungsgeschichte des Rechtschreibproblems. Es hilft dem Kind wenig, wenn sich die Eltern nach einem flüchtigen Blick auf das »rote Meer« des Diktats über die vielen dummen Fehler ereifern. Versuchen wir stattdessen, die Fehler zu verstehen, um ihre Ursachen zu beheben! Abgesehen davon, dass Fehler weder dumm noch klug sind, sondern nichts weiter als einen Irrtum darstellen, finden wir in jedem fehlerdurchsetzten Diktat sowohl (die fälschlicherweise als »dumm« titulierten) Flüchtigkeitsfehler (Fehlertyp II) als auch Wissenslücken (Fehlertyp I). Nur: Das Ausmaß dieser beiden Fehlertypen kann – von Schüler zu Schüler – ganz unterschiedlich ausfallen. Die Proportion zwischen Fehlertyp I und II sollten wir bei unserem Kind unbedingt kennen – als wertvolles Indiz für die individuelle Eigenart seines Rechtschreibverhaltens.

Drittens können mangelhafte Diktate unter ganz unterschiedlichen Voraussetzungen entstanden sein: Wie wir schon gesehen haben, gibt es Kinder, die vornehmlich Schwierigkeiten beim Lernen und Behalten haben, so dass sie sich an manches Wortbild einfach nicht erinnern können. Anderen Kindern fällt es in erster Linie schwer, ihre Aufmerksamkeit allein auf das Diktat zu richten – sei es, dass ihre Gedanken flüchtig sind oder aber durch eine ängstliche Verkrampfung blockiert werden. Wie ebenfalls schon erwähnt, sind die verschiedenen Bedingungen für eine erhöhte Fehlerbereitschaft fast immer gleichzeitig

wirksam und oft gar nicht voneinander zu trennen. Dennoch sollten wir abzuschätzen versuchen, *in welchem Maße* die verschiedenen Fehlerursachen unser Kind beim Diktat aus dem Tritt bringen.
Nehmen wir deshalb jetzt das Rechtschreibverhalten unseres Kindes genauer unter die Lupe, und versuchen wir, die Hintergründe seiner *ganz individuellen* Fehlerbereitschaft in systematischen Schritten greifbar zu machen.

Die Fehlerzahl

Die Fehlerzahl (ausgedrückt in Prozent) wird ein wesentlicher Bestandteil unseres Lernspiels sein. Denn nur, wenn wir die Diktate unseres Kindes miteinander halbwegs vergleichbar machen und über einen längeren Zeitraum hinweg genau verfolgen, können wir tatsächlich eine Veränderung feststellen. Dabei werden wir noch sehen, dass die Fehlerkurve keinesfalls gleichmäßig verläuft, sondern häufig Zacken oder Sprünge aufweist. Dieses Auf und Ab hängt einerseits mit dem unterschiedlichen Schwierigkeitsgrad der Diktate zusammen. Wenn man nämlich – wie später noch zu erklären ist – Texte zufällig auswählt, wird man heute einen etwas leichteren, morgen aber einen schwierigeren erwischen. Trotzdem schwankt die Fehlerprozentzahl meist um einen bestimmten mittleren Wert, der uns das typische, ganz persönliche Fehlerniveau unseres Kindes verrät. Andererseits hat natürlich auch die Tagesform (also auch Lust oder Unlust) des Kindes erheblichen Einfluss auf seine Fehlerbereitschaft.
Überdies – und darauf wollen wir uns jetzt in der Vorbereitungsphase besonders konzentrieren – spielt die Situation, die Bedingung, unter der ein Diktat zustande kommt, eine entscheidende Rolle. Es ist nämlich keinesfalls gleichgültig, ob ein Diktat zu Hause »nur zum Spaß« oder in der Schule als Klassenarbeit geschrieben wird. Bei den meisten Kindern, die bislang an unserem Rechtschreibspiel teilgenommen haben, lag das durchschnittliche Fehlerniveau der Klassenarbeit über dem Fehlerwert der Übungsdiktate. Und das sollte uns nicht weiter wundern. Eine Klassenarbeit ist nun mal – trotz aller pädagogischen

Entschärfungsversuche – eine Prüfungssituation. Und wie man sich in einer Prüfung fühlt, hat wohl jeder von uns schon am eigenen Leibe erfahren. Aber auch hier gibt es wieder einen entscheidenden Unterschied: Manche Kinder – und das sind vornehmlich die besseren Schüler – lassen sich durch den Prüfungsstress viel weniger aus dem Konzept bringen als andere, für die das Klassendiktat geradezu eine Existenzbedrohung darstellt. Diesen möglichen Einfluss unterschiedlicher Diktatsituationen auf die Fehlerzahl des Kindes wollen wir in der Vorbereitungsphase registrieren.
Stellen wir zunächst eine simple Frage: Macht das Kind im Klassendiktat ebenso viele Fehler wie in den Übungsdiktaten zu Hause? Oder erlebt es in der Schulsituation häufig ein Fiasko? Um eine Antwort zu finden, brauchen Sie lediglich das Klassenarbeitsheft Ihres Kindes (sobald es das nächste Mal zu Hause vorliegt) Diktat für Diktat durchzugehen. Zählen Sie jeweils die Wörter eines Diktats und dividieren Sie die Fehlerzahl durch die Anzahl der Wörter.
Beispiel: Das Diktat hat 64 Wörter, und das Kind hat 6 Fehler gemacht. Dann beträgt die Fehlerprozentzahl 6:64 = 0,0937, und das sind – rund gerechnet – 9%. Notieren Sie sich die Prozentzahlen aller Klassenarbeiten des laufenden Schuljahres und verfahren Sie nun mit den Übungsdiktaten des Kindes genauso. Vergleichen Sie dann diese beiden Ergebnisreihen miteinander.* Jetzt könnten Sie sofort feststellen, ob der Fehlertrend Ihres Kindes – und damit seine Stressanfälligkeit – bei Klassenarbeiten erhöht ist oder nicht.

Die Fehlerart

Wie schon erwähnt, wird die Frage nach der Fehlerart von vielen Eltern ganz spontan beantwortet: »... alles nur dumme Fehler! ...« Damit wollen wir uns jedoch nicht zufrieden geben, sondern die Fehler

* Falls Sie keine Übungsdiktate zur Hand haben, stellen Sie diesen Vergleich bitte nach der ersten Übungswoche an, indem Sie die Fehlerprozentzahlen der Klassenarbeiten mit unserer Grundrate (s. S. 91) vergleichen.

unseres Kindes nach unseren beiden Fehlertypen einordnen: Wir erinnern uns:

Fehlertyp I: Ein Kind schreibt ein Wort falsch, weil es seine richtige Schreibweise wirklich nicht kennt.

Fehlertyp II: Ein Kind macht einen Fehler, obwohl es eigentlich weiß, wie das Wort geschrieben wird.

Bei der Durchsicht der Klassen- und Übungsdiktate werden wir natürlich nicht immer mit Sicherheit sagen können, ob das Kind ein Wort aus Versehen oder aus wirklicher Unwissenheit falsch geschrieben hat. Beispielsweise kommt es nicht selten vor, dass ein Wort in demselben Diktat einmal richtig und an anderer Stelle falsch geschrieben wird. Es ist nicht ausgeschlossen, dass das Kind ganz bewusst zwei Schreibweisen ausprobiert hat, um wenigstens einmal richtig zu liegen. Ebenso wahrscheinlich: Das Kind kannte die richtige Schreibweise, schrieb das Wort jedoch beim zweiten Mal aus Flüchtigkeit falsch. Außerdem werden wir eine Reihe von *scheinbaren* Wissensfehlern finden, die das Kind zu Hause, in aller Ruhe, nie gemacht hätte. Flüchtigkeitsfehler oder nicht? – das ist jetzt die Frage. In Zweifelsfällen brauchen wir das fragliche Wort lediglich noch einmal zu diktieren. Macht das Kind erneut einen Fehler, dann ersehen wir daraus, dass das Wort noch nicht fest genug in seinem Gedächtnis haftet und der Fehler aus *Unwissenheit* gemacht wurde. Deswegen ordnen wir ihn unserem Fehlertyp I zu. Schreibt das Kind das Wort hingegen in unserem kleinen Test richtig, gehen wir davon aus, dass es den Fehler im Klassendiktat aus Versehen oder aus einem durch Misserfolgsangst genährten Zweifel heraus gemacht hat, und zählen ihn zum Fehlertyp II.* Zu dieser Gruppe rechnen wir darüber hinaus alle sogenannten Oberzeichenfehler wie i-Punkte oder t-Striche.

Obwohl sich natürlich nicht jeder Fehler eindeutig als Typ I bzw. Typ II bestimmen lässt, können wir mit Hilfe unserer kleinen Fehlerstudie nunmehr viel besser beurteilen, ob das Kind seine Diktate eher durch

* Dabei sollten wir im Auge behalten, dass besonders jene Wörter für Konzentrationsprobleme anfällig sind, die dem Kind noch nicht wirklich in Fleisch und Blut übergegangen sind.

mangelnde Kenntnisse in der Rechtschreibung oder durch Konzentrationsschwierigkeiten verpatzt hat. Falls bei Ihrem Kind Fehlertyp II überwiegt, sollten Sie sowohl Ihr eigenes Verhalten als auch die im Folgenden beschrieben Reaktionsweisen des Kindes mit ganz besonderer Aufmerksamkeit überprüfen.

Verhaltensstudie unseres Kindes

»Sebastian bekommt morgens keinen Bissen runter, wenn eine Klassenarbeit angekündigt wurde!«, »Andrea hat schon am Abend vor einer Klassenarbeit Bauchschmerzen!« Oder aber: »Wenn eine Arbeit geschrieben wird, geht Lars singend in die Schule!« – so unterschiedlich können Kinder reagieren. Wie wir schon gesehen haben, hängt das zum einen von ihrer psychischen Konstitution, zum anderen aber auch von den zu erwartenden elterlichen Reaktionen »im Falle eines Falles« ab. Wie auch immer Ihr Kind reagieren mag – es kann sehr aufschlussreich sein, sein Verhalten etwas genauer zu beobachten. Ist es generell eher still, zurückhaltend, ängstlich und verschlossen? Oder verhält es sich lebhaft, kontaktfreudig, selbstbewusst und aufgeschlossen? Macht es seine Schularbeiten selbständig, zügig und konzentriert? Oder arbeitet es zähflüssig und braucht ständig Unterstützung? Sieht es einer Klassenarbeit zuversichtlich entgegen (obwohl seine Zensuren vielleicht gar nicht so rosig aussehen)? Oder beginnt sein kleines Herz aufgeregt zu pochen, wenn es nur an eine Klassenarbeit denkt? Obwohl viele Eltern solche Fragen recht treffsicher beantworten können, liegen sie bei der Einschätzung der *Misserfolgsängstlichkeit* ihres Kindes häufig schief: »Angst vor einer Klassenarbeit? Die kennt er (sie) nicht!« hört man Eltern gern im Brustton der Überzeugung sagen, obwohl die psychologische Untersuchung des Kindes genau das Gegenteil beweist. Wie können wir aber die verborgenen Misserfolgsängste unseres Kindes herausfinden, falls sie nicht einmal in körperlichen Erscheinungen wie Zittern, Appetitlosigkeit oder Bauchschmerzen sichtbar werden?

Natürlich gibt es eine Reihe von Testmöglichkeiten, um auch tiefere Schichten der kindlichen Seele zu durchleuchten. Wir wollen uns allerdings mit einem kleinen Gespräch begnügen, das wir – bei Gelegenheit – mit unserem Kind führen sollten. Und dazu benutzen wir ein kleines Hilfsmittel, das Angstthermometer.

Was bedeutet dieses Instrument und wie gehen wir damit um? Im Unterschied zum echten Thermometer haben wir hier kein Messgerät, sondern eine *Schätzskala*, in der das Kind seine *ganz persönlichen* Erlebnisse eintragen soll. Obwohl es hier also um einen ganz subjektiven Eindruck geht, finden wir bei misserfolgsängstlichen Kindern immer wieder erstaunliche Übereinstimmungen in der Wahrnehmung und Beurteilung ihrer Ängste. Um diese Beurteilung zu erleichtern, sind in unserem Thermometer bereits einige Bezugspunkte vorgegeben, wobei wir allerdings einen kleinen Trick benutzen: Wir erwähnen beim Kind das Wort »Angst« mit keiner Silbe. Denn viele Kinder neigen dazu (genau wie die tapferen Erwachsenen), ihre Angst um keinen Preis zuzugeben. Und so wäre das Ergebnis unseres kleinen Experiments schon vorprogrammiert: »Hab keine Angst!« Also sprechen wir lieber mit dem Kind über innere Spannung, welche ja untrennbar mit der Angst verflochten ist. Und siehe da: Es gibt uns bereitwillig darüber Auskunft, wann es »kribbelig« und wann es »ganz ruhig« ist. Sagen Sie zu Ihrem Kind etwa Folgendes:

»Schau mal her, hier ist ein Thermometer. Allerdings misst man damit keine Temperatur. Es zeigt an, ob du ganz ruhig und träge bist, ob du bei der Sache bist oder ob du ganz kribbelig, ganz aufgeregt bist. Siehst du – hier bei der Null (mit der Hand auf die Null zeigen), da bist du völlig ruhig. Und deshalb steht hier ›Ich schlafe‹, weil man ja beim Schlafen meist ganz entspannt ist – es sei denn, du träumst mal etwas Aufregendes, nicht wahr? Aber wenn du durch die Stadt gehst und plötzlich heißt es ›Der Löwe ist los!‹, na, wie fühlst du dich dann? (Kleine Pause machen, um die Antwort des Kindes abzuwarten). Da kann man ganz schön aufgeregt werden und keinen klaren Gedanken mehr fassen, oder? Und deshalb steht hier (mit dem Finger zeigen) eine 100. Oder

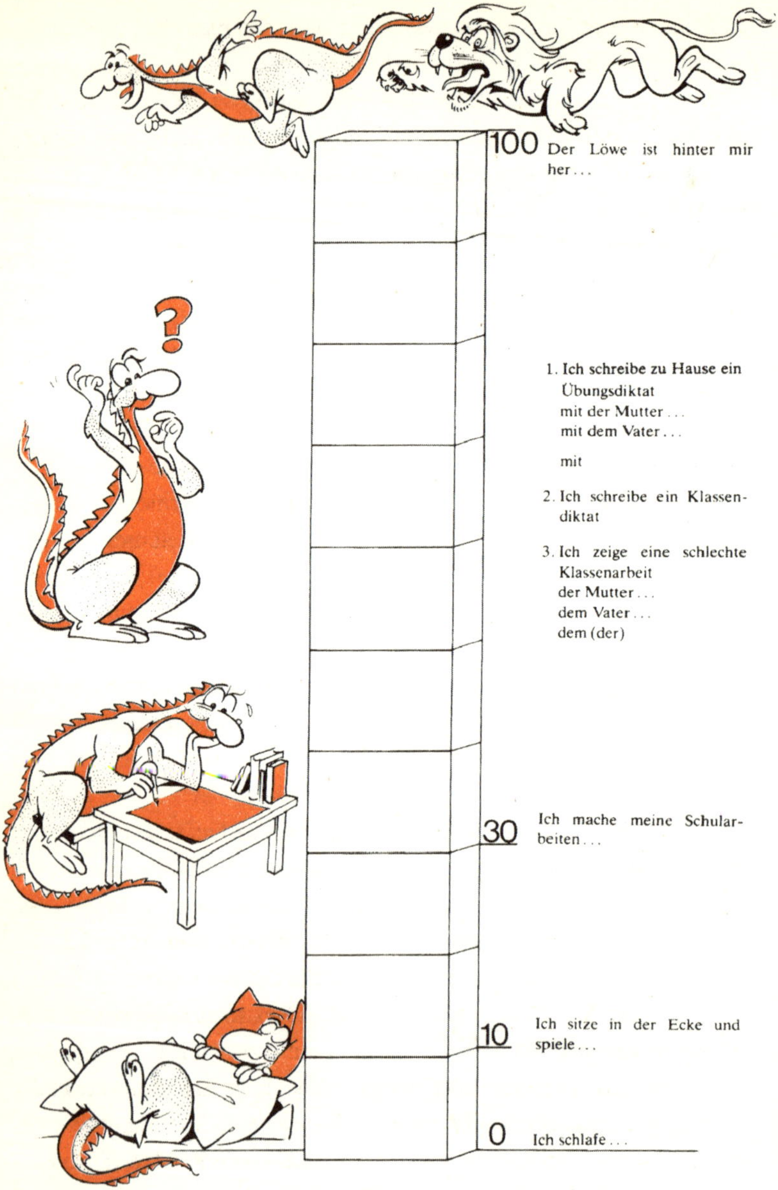
100 Der Löwe ist hinter mir her...
1. Ich schreibe zu Hause ein Übungsdiktat
mit der Mutter...
mit dem Vater...
mit
2. Ich schreibe ein Klassendiktat
3. Ich zeige eine schlechte Klassenarbeit
der Mutter...
dem Vater...
dem (der)
30 Ich mache meine Schularbeiten...
10 Ich sitze in der Ecke und spiele...
0 Ich schlafe...

wann bist du ganz besonders aufgeregt, also hier bei 100? (Die Antwort des Kindes abwarten). Wenn du in deiner Spielecke bist, dann bist du ja nicht aufgeregt, aber doch ein bisschen mehr bei der Sache, als wenn du schläfst, oder? Siehst du – da steigt das Thermometer schon etwas an, da bist du bei der 10. Und wenn du Schularbeiten machst, dann musst du deine Gedanken schon etwas mehr zusammennehmen als beim Spielen, stimmt's? Und deshalb bist du schon bei 30 (mit dem Finger auf die 30 zeigen). Aber kribbelig und aufgeregt bist du bei den Schularbeiten ja noch nicht. Wie sieht's aber aus, wenn du mit mir (bzw. der Mutter, dem Vater) ein Übungsdiktat schreibst? Bist du da ›kribbeliger‹ als bei den Schularbeiten? Zeig mir doch mal, wo du dann bist (abwarten, an welcher Stelle das Kind auf das Thermometer zeigt). So, da mach mal ein Kreuz hin (abwarten, bis das Kind sein Kreuz gemalt hat).«

Und nun spielt man mit dem Kind auf die gleiche Weise die anderen Situationen durch: Übungsdiktat mit dem anderen Elternteil, Übungsdiktat mit einer anderen Person (z.B. mit dem Nachhilfelehrer, mit der Oma, mit dem Bruder). Was erfahren wir auf diese Weise? Wir können plötzlich durch die Kreuze des Kindes unmittelbar ablesen, ob das Kind bereits durch ein Übungsdiktat in Spannung versetzt wird und – wenn ja – welche Person für das Kind besonders angstauslösend ist. Falls Sie von einem unerwarteten Ergebnis überrascht werden und betroffen sind, sollten Sie Ihr Kind aber *auf keinen Fall* pikiert fragen: »Ja, warum bist du denn bei mir (bzw. bei Mutti, bei Vati) besonders aufgeregt?« Damit würde das Kind sofort in die Defensive gedrängt und wäre kaum noch bereit, weiter mitzuspielen. Wir wollen aber noch feststellen, welcher Angstwert mit der Klassenarbeit verknüpft ist. Wieder stellen wir unsere Frage (»Und wo bist du, wenn du ein Klassendiktat schreibst?«) und lassen das Kind sein Kreuzchen malen.

Bei misserfolgsängstlichen Kindern liegt dieses Kreuz fast immer wesentlich höher als bei den Übungsdiktaten zu Hause. Interessant ist, wie gut sich die meisten Kinder in dem – eigentlich abstrakten und deshalb nicht einfachen – Thermometer zurechtfinden und etwa Folgendes sagen: »Da liege ich so bei 60 bis 80.« Jene Kinder, denen bei Klassenarbeiten das Herz bis zum Halse schlägt, seufzen dann gele-

gentlich: »Ach – das ist ja fast noch schlimmer, als wenn der Löwe hinter mir her wäre!« Zum Schluss überprüfen wir noch, wie das Kind das Vorzeigen einer schlechten Klassenarbeit erlebt, ebenfalls nach verschiedenen Personen getrennt. Auch hier können wir beliebige weitere Personen einsetzen und dadurch feststellen, ob und in welchem Maße die Angst des Kindes an bestimmte Personen gebunden ist.
In vielen Fällen ist es tatsächlich schon gelungen, mit Hilfe des Angstthermometers (kombiniert mit der Selbstbeobachtung), den Schlüssel zum Rechtschreibproblem des Kindes zu finden.
Falls Ihr Kind nicht so recht mitmachen will oder seine Kribbeligkeit nicht zugeben möchte, sollten Sie nicht enttäuscht sein und es nicht zu einer Antwort nötigen. Das Angstthermometer ist lediglich als eine *zusätzliche* Hilfe gedacht, die Sie – wenn möglich – nutzen sollten, aber nicht unbedingt in Anspruch nehmen müssen.
Nach unserem Angsttest sollten wir dem Kind noch erklären, wozu das Ganze gut gewesen ist: »Du weißt ja selbst, dass du mit deinen Diktaten oft Schwierigkeiten hast. Und oft schreibst du ja auch Wörter falsch, die du eigentlich richtig schreiben könntest. Ich wollte jetzt einfach mal herausfinden, ob das mit deiner Kribbeligkeit zusammenhängt.«
Falls das Thermometer Misserfolgsangst angezeigt hat, fährt man fort: »Siehst du: Wenn du deine Schularbeiten machst (oder auch eventuell bei den Übungsdiktaten), dann behältst du deine Gedanken zusammen – und machst auch viel weniger Fehler. Und bei den Klassenarbeiten, da bist du ganz aufgeregt, siehst du? (Mit dem Finger auf das entsprechende Kreuz zeigen). Und prompt machst du viel mehr Flüchtigkeitsfehler als zu Hause. Weil wir dir dabei helfen wollen, dass du nicht mehr so aufgeregt bist, haben wir das Spiel mit dem Thermometer gemacht.«
Wir werden uns also bemühen müssen, alle Verhaltensweisen, welche die ängstlichen Reaktionen des Kindes ausgelöst und aufrechterhalten haben könnten, nach Möglichkeit abzubauen. Die entsprechende Kontrolle unseres Verhaltens haben wir ja schon ausführlich beschrieben.
In vielen Fällen wird es nach einiger Zeit tatsächlich gelingen, die in

unserem Angstthermometer registrierten ängstlichen Gefühle des Kindes deutlich zu mildern. Sicher: Etwas Geduld gehört schon dazu, weil das Kind ja erst einige Male erlebt haben muss, dass seine Angst nunmehr wirklich unbegründet ist. Erst durch positive Erfahrungen kann sein Vertrauen in die Eltern (wieder) wachsen.

Doch selbst, wenn es den Eltern gelungen ist, ihrem Kind tatsächlich eine weitgehend spannungsfreie Atmosphäre zu schaffen, bleibt der Angstpegel bei manchen Kindern unverändert hoch. Die Angst hat sich dann – sozusagen als Reflex – so fest eingeschliffen, ja geradezu verselbständigt, dass sie sich nur durch eine gezielte Angsttherapie beseitigen lässt. Doch keine Sorge! Das muss keine langwierige Angelegenheit sein.

Es gibt einige verhaltenstherapeutische Verfahren, die kindlichen Ängsten schon nach zehn bis fünfzehn Sitzungen die Spitze nehmen können. Falls Ihr Kind also auch in einigen Wochen noch mit weichen Knien einer Klassenarbeit entgegenzittert und hier weiterhin viele überflüssige Fehler produziert, obwohl die ursprünglichen Angstauslöser nach Ihrer Einschätzung nicht mehr bestehen, dann sollten Sie *unbedingt* die Hilfe einer psychologischen Beratungsstelle in Anspruch nehmen. Denn durch Misserfolgsangst, die über Jahre hinweg hartnäckig am Wohlbefinden eines Kindes nagen kann, ist schon manches Schülerschicksal besiegelt, mancher Lebensweg unendlich erschwert worden – nur weil die Eltern zu bequem (oder vielleicht zu ängstlich?) waren, sich psychologisch beraten zu lassen.

Eine zusätzliche Hilfe für Ihr Kind kann die Entspannungs-CD »Immer besser im Diktat« sein (die Bezugsquelle finden Sie auf Seite 179). Die angenehmen und wirkungsvollen Musik- und Sprachmuster dieses neuartigen Verfahrens, das nach dem Prinzip der sogenannten Stereo-Tiefensuggestion aufgebaut ist, können innere Ruhe und Gelassenheit Ihres Kindes steigern und so seine Konzentration nachhaltig fördern.

Trotz dieser in zahlreichen Tests bewiesenen Wirkung ist die CD aber keinesfalls als bequemer Ersatz für Gespräche mit einer psychologischen Beratungsstelle misszuverstehen. Gewiss kann sie therapeutische Maßnahmen stützen und verstärken, nicht aber familiäre Konflikte analysieren und lösen.

Verstärkung

Neben den ängstlichen, verkrampften Kindern machen aber auch noch die lustlosen, verspielten und leicht ablenkbaren Kinder ihren Eltern das Thema »Schule« zum Alptraum. »Ständig muss ich Wolfgang ermahnen, dass er endlich schneller machen soll.« Oder: »Wenn ich nicht dabeisitze, braucht Kerstin den ganzen Nachmittag für ihre Schularbeiten.« Mit solchen Worten wird die Unselbständigkeit des Kindes von entnervten Eltern kommentiert. *Unselbständigkeit!* – das war ja unser Stichwort, als wir Konzentrationsstörung I erklärten. Und genau an diesem Stichwort müssen wir nun wieder einhaken, wenn wir der Ablenkbarkeit des Kindes Paroli bieten wollen. In der Tat wird es dringend notwendig sein, dieses Problem mit einigen psychologischen Tricks zu entschärfen. Denn die langsamen, lustlosen und zerstreuten Rechtschreiber schalten ja nicht nur bei den Hausaufgaben »auf stur«, sondern werden sich auch bei unserem Lernspiel nicht so recht konzentrieren wollen. Sie werden sich weigern, nörgeln, den Übungszeitpunkt hinausschieben, also mit ihrer provozierend langsamen Art ihren Eltern den letzten Nerv rauben. Doch da wir wissen, dass jedes Drohen und Schimpfen nicht nur zwecklos ist, sondern den Teufelskreis von Forderung und Trotz nur noch verstärkt, müssen wir versuchen, unser Kind auf andere Weise in Schwung zu bringen. Wir müssen es – wie man in der Psychologie sagt – *verstärken.*

(1) Prüfen Sie zunächst die allgemeine Selbständigkeit Ihres Kindes: Räumt es alleine auf oder müssen Sie ihm alles nachräumen? Muss es ständig zu den kleinen Routinetätigkeiten des Alltags angehalten werden? Packt es seine Schultasche alleine oder wird es bei dieser kleinen Mühe ständig hilfreich unterstützt? Helfen Sie dem Kind immer noch beim Anziehen (damit es schneller geht, versteht sich ...)? Müssen Sie Ihr Kind jeden Morgen aufs Neue antreiben, damit es sich endlich beeilt, weil es schon spät ist? Wenn Sie jetzt wissend lächeln und einige (vielleicht auch alle?) Fragen mit einem offenen »Ja« beantworten – ist es dann noch ein Wunder, dass Sie Ihrem Kind auch bei den Schularbeiten helfen müssen, damit es überhaupt etwas erledigt?

Um hier Abhilfe zu schaffen, sollten Sie zunächst – ganz allgemein – die Selbständigkeit Ihres Kindes fördern. »Aber wie soll das denn geschehen? Wenn ich ihm nicht helfe, tut er doch überhaupt nichts mehr!« – so mögen sie seufzend erwidern. Doch das stimmt nur zum Teil. Wir haben immer wieder die erfreuliche Erfahrung gemacht, dass Kinder durchaus bereit sind, aktiv am Familiengeschehen mitzuwirken, wenn man ihnen die *Verantwortung für ihr Handeln* überträgt. Wenn das Kind weiß, dass »Mutti sowieso meine Schultasche packt« oder »Papi mich sowieso zur Schule fährt, wenn es zu spät geworden ist«, dann wird es sich kaum umstellen. Sie werden Ihrem Kind also klipp und klar sagen müssen, dass Mutti die Schultasche nun nicht mehr packt und der allmorgendliche Zeitplan einzig und allein Sache des Kindes ist. Dabei dürfen Sie allerdings nicht vergessen, Ihrem Kind bei jedem – noch so kleinen – selbständigen Schritt anerkennend auf die Schulter zu klopfen, es also mit ermutigenden Worten zu verstärken. »Aber wenn ich ihm nicht hundert Mal sage, dass es sich beeilen soll, kommt es doch zu spät!« Ein schwaches Gegenargument. In der Regel hat man diese Möglichkeit noch nie erlebt, weil man es einfach nicht riskieren will, sein Kind zu spät kommen zu lassen. Wenn Sie Ihr Kind aber selbständiger machen wollen, dann müssen Sie lernen, dieses Risiko zu ertragen. Gewiss wird Ihr Nachwuchs das eine oder andere Mal beim Packen der Schultasche etwas vergessen. Und vielleicht wird er auch mal zu spät zur Schule kommen. Doch das ist gut so. Denn nur, wenn ein Kind die unangenehmen Folgen seines Verhaltens unmittelbar gespürt hat, wird es aus diesen Erfahrungen wirklich lernen.

(2) Mit dieser Selbständigkeitsstrategie werden wir aber möglicherweise im Bereich der Hausaufgaben Schiffbruch erleiden. Sobald man nämlich Kinder, die sich lange genug an die Hilfestellung der Mutter (oder des Vaters) gewöhnt haben, plötzlich alleine »wurschteln« lässt, träumen sie nur noch vor sich hin oder sitzen sogar kurz darauf in ihrer Spielecke. Was kann man dagegen tun?

Eigentlich sollte man Kinder schon gleich nach der Einschulung ermutigen, allein zu arbeiten. Das ist aber nicht immer einfach, da unselbständige Kinder die Hilfe der Eltern von Anfang an in Anspruch nehmen, ja geradezu herausfordern. Sie hatten ja schon *vor* der Einschulung beim Aufräumen, Waschen und Anziehen ihre »ständigen Mitarbeiter«. Deswegen wäre es für das Kind eine Überforderung, wenn es von heute auf morgen – ganz abrupt – seine Hausaufgaben mutterseelenallein machen müsste. Ein über Jahre gewachsenes Abhängigkeitsverhältnis muss allmählich gelöst werden. Aber wie?

Geben Sie Ihrem Kind zunächst ein paar Minuten »Starthilfe«, um sicher zu sein, dass es wirklich alles verstanden hat. Anschließend ziehen Sie sich für fünf Minuten zurück. Wenn das Kind in dieser Zeit auch nur eine Kleinigkeit erledigt hat, erkennen Sie diesen selbständigen Schritt freundlich an. Dann bitten Sie Ihr Kind erneut, weitere fünf Minuten allein zu arbeiten, und fahren so lange fort, bis die Hausaufgaben erledigt sind. Auch hier hat es sich bewährt, über die selbständigen Arbeitseinheiten (zusammen mit dem Kind) genau Buch zu führen.

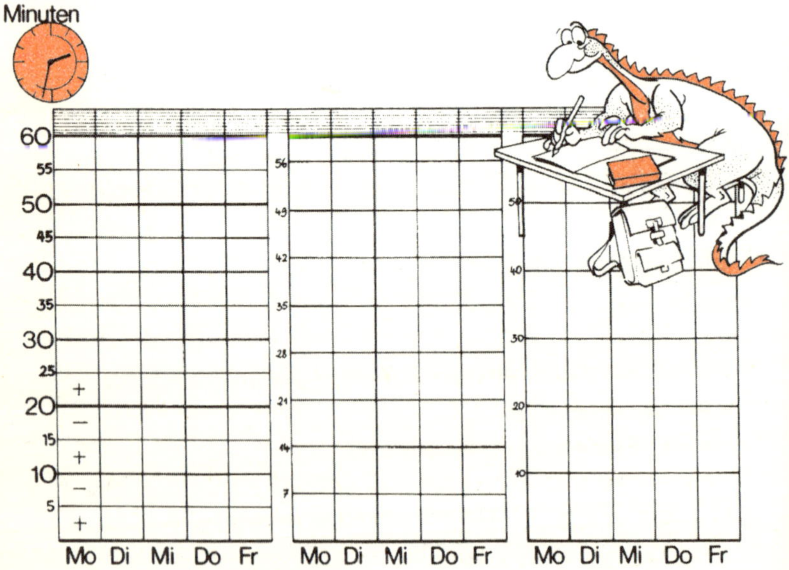

Was bedeutet dieses Diagramm? Auf der waagerechten Linie sind – wie bisher immer – die Tage vermerkt, die senkrechten Säulen geben die einzelnen Zeiteinheiten an. Nehmen wir zum Beispiel den Montag: Wir sehen, dass sich im untersten Kästchen ein Kreuz befindet, weil das Kind die *ersten fünf Minuten* alleine gearbeitet hat. Der Strich im zweiten Kästchen zeigt an, dass in der zweiten Fünf-Minuten-Einheit »Däumchen gedreht« wurde. Die dritte Zeiteinheit war wieder ein Erfolg, in der vierten gab es erneut Leerlauf, während die fünfte zum dritten Mal an diesem Tag Selbständigkeit signalisiert.
In der zweiten Woche verlängern wir die Arbeitseinheiten um je zwei auf sieben Minuten, in der dritten Woche um weitere drei auf nunmehr jeweils zehn Minuten. Je nach Alter des Kindes und nach Hartnäckigkeit der Unselbständigkeit kann man die Buchführung in günstigen Fällen schon nach zwei bis drei Wochen, normalerweise nach sechs bis acht Wochen beenden. Das Kind hat jetzt – von gelegentlichen kleinen Rückfällen abgesehen – eine genügend lange Konzentrationsphase (bis zu 60 Minuten) aufgebaut, um seine Hausaufgaben allein zu erledigen.
Machen Sie also mit Ihrem Kind ein Verstärkungsprogramm und halten Sie seine Fortschritte in folgendem Diagramm fest:

Dass Sie Ihr Kind für jedes eingetragene Kreuzchen mit freundlichen Worten verstärken, sollte eine Selbstverständlichkeit sein. Doch nicht immer reichen bloße Worte als Verstärker aus, besonders dann nicht, wenn Eltern beim Kind im »Soll« stehen oder wenn in der Vergangenheit so viele Ermahnungen ausgesprochen wurden, dass das Kind schon gar nicht mehr hinhört, wenn seine Eltern etwas sagen. Wo das Wort durch zu häufigen Gebrauch einer inflationären Entwertung zum Opfer gefallen ist, da kann es nur schwerlich als Verstärker wirksam sein. Wenn das Kind nun beispielsweise sagt: »Was soll ich denn mit den Kreuzchen? Davon hab' ich nichts!« – sind wir dann mit unserer Weisheit am Ende?

Nicht ganz. Als letztes Mittel sozusagen besteht noch die Möglichkeit, die Kreuzchen mit kleinen *Belohnungen* zu koppeln. Belohnungen – ein Reizwort, das schon manch heftiges Für und Wider, manch hitzige Diskussion entfacht hat: »Wenn ich dem Kind für alles eine Belohnung gebe, hält es ja nur noch die Hand auf.« Oder: »Wenn ich jede Selbstverständlichkeit bezahlen soll, wird unsere Familie ja noch zum Kleinunternehmen.« Das sind verständliche Reaktionen jener erbosten Eltern, die Belohnungen als gezieltes Erziehungsmittel grundsätzlich ablehnen. Doch nur keine Aufregung! Auch Psychologen sind überwiegend der Meinung, dass Kinder ihre alltäglichen Pflichten in Familie und Schule ohne Bezahlung erledigen sollten. Aber bei den unselbständigen Kindern, die wahrscheinlich obendrein noch mit schlechten Zensuren bestraft werden, liegt eine Ausnahmesituation vor. All das, was uns Erwachsenen also so selbstverständlich erscheint, ist für diese Kinder nun mal eine ganz besondere Anstrengung. Und eine solche Überwindung muss einfach irgendwie schmackhaft gemacht werden, falls alle guten Worte nichts ausrichten konnten. Also: *Nur dann,* wenn das Kind trotz entspannter Atmosphäre, trotz Verständnis von Seiten der Eltern und trotz eifriger Buchführung beim Selbständigkeitstraining nicht mitziehen will, sollten wir unserem Verstärkungsprogramm ein Belohnungssystem angliedern. Auch hier müssen wir aber bestimmte psychologische Grundregeln beachten. Das Versprechen »Wenn du jetzt schön fleißig bist, bekommst du ...« ist für Kinder oft viel zu abstrakt, viel zu

vage und in viel zu ferner Zukunft, um sie mit einem solchen Anreiz bestechen zu können. Unser Belohnungssystem muss deshalb bereits die kleinsten Schritte *unmittelbar* verstärken.
Dies bedeutet konkret: Jedes einzelne Kreuz steht für eine Belohnungseinheit (z.B. für ein Abziehbild oder – darauf werden die überzeugten Materialisten, die »Geschäftsleute« unter den Kindern bestehen – für fünf oder zehn Pfennig). Diese Belohnungen sollten – um jede Feilscherei von vornherein auszuschließen – unbedingt schriftlich festgehalten werden. Das Kind kann also jedes Kreuz (das sich übrigens auch durch Spielgeld, Chips oder andere Wertmarken greifbarer machen lässt) einzeln einlösen oder auch mehrere Bons für größere Gegenwerte aufsparen. Dabei können Eltern die scheinbare Notwendigkeit materieller Zuwendung geschickt vermeiden, indem sie beispielsweise für fünf gesparte Kreuze eine gemeinsame Partie Minigolf und für zehn Kreuze einen Besuch im Zoo oder Vergnügungspark vereinbaren.
Natürlich soll diese »Belohnerei« auf keinen Fall zum Dauerzustand werden. Noch einmal: Die Belohnungen sind sozusagen die letzte Rettung, eine Art vorübergehender »Hilfsmotor« für den Fall, dass Ermutigung und Zuwendung allein als Verstärker nicht ansprechen wollen.
Erfahrungsgemäß lässt sich das Belohnungssystem nach vier, sechs oder acht Wochen wieder ausblenden. Damit das Kind sich allerdings durch die ausbleibenden Belohnungen nicht indirekt bestraft fühlt, kann man den Abschluss des Verstärkungsprogramms durch eine einmalige Aufbesserung des Taschengelds kompensieren. Sagen Sie Ihrem Kind etwa Folgendes: »Weißt du, vor einiger Zeit hattest du ja noch Schwierigkeiten mit deinen Schularbeiten. Und da haben wir das Spiel mit den Kreuzchen angefangen. Ich finde, du hast dir soviel Mühe gegeben, dass wir deine Arbeitszeiten jetzt nicht mehr aufzuschreiben brauchen. Aber dann gibt's ja auch keine Belohnungen mehr. Weißt du was? Als Anerkennung dafür, dass du deine Hausaufgaben so prima erledigst, bekommst du ab jetzt eine Taschengelderhöhung.« Falls keine schwerwiegenden Eltern-Kind-Konflikte unter der Oberfläche schwelen, gibt es mit dieser Umwandlung des

Verstärkungsprogramms in eine einmalige »Gehaltserhöhung« in der Regel keine Probleme.

(3) Was soll man aber tun, wenn das Kind zwar selbständig arbeitet, jedoch aufgrund seiner *Langsamkeit beim Schreiben* schulische Nachteile erleiden muss?

Auch hier können wir das Verstärkungsprinzip einsetzen, allerdings nur ganz beiläufig innerhalb unseres Lernspiels. Denn gerade was das Arbeitstempo des Kindes betrifft, läuft man leicht Gefahr, das rechte Maß aus den Augen zu verlieren. Während der Begriff *Selbständigkeit* bei den Hausaufgaben ja kaum missverstanden werden kann, ist das zügige Arbeiten nicht objektiv feststellbar. Ob man die Arbeitsweise des Kindes als »zügig« einstuft oder nicht, hängt in hohem Maße vom persönlichen Tempo und von der Leistungserwartung des jeweiligen Beurteilers ab.

Um zu vermeiden, dass die eiligen und besonders leistungsorientierten Eltern ihr Kind auf Schnelligkeit trimmen wollen, obwohl es langsam und bedächtig ebenso ans Ziel kommt, wollen wir auf ein gesondertes Programm verzichten, das unser Kind schneller macht. Hierdurch könnten nämlich insbesondere jene Kinder überfordert werden, die für das Erfassen neuer Eindrücke, für das Denken und Lernen einfach mehr Zeit benötigen. Anstatt zu versuchen, einem solchen Kind um jeden Preis unser eigenes Tempo aufzuzwingen, sollten wir es lieber in seiner bedächtigen, vielleicht auch etwas schwerfälligen Art akzeptieren.

Dem »Fehlerteufel« auf der Spur

Zum Abschluss der Vorbereitungsphase fassen wir unsere bisherigen Schritte noch einmal Zusammen:

(1) Wir haben unser *eigenes* Verhalten kontrolliert und in zwei getrennten Diagrammen nach »Umgangston« und »Ablehnung/Zuwendung« festgehalten.
(2) Wir haben unser Kind aufmerksam beobachtet und Folgendes registriert:
Seine *Fehlerprozentzahl* – einerseits in den Klassenarbeiten, andererseits in Übungsdiktaten.

- Die *Art seiner Fehler*, wobei wir uns auf unsere beiden Fehlertypen beschränkt haben.
- Seine *Misserfolgsängstlichkeit*. Mit Hilfe des *Angstthermometers* können wir die Stärke seiner Angst in Bezug auf bestimmte Situationen und Personen genauer erfassen. Die CD »Immer besser im Diktat« kann die Gelassenheit des Kindes steigern und seine Konzentration fördern.
- Das *Arbeitsverhalten* des Kindes, das unmittelbar mit seiner *Selbständigkeitserziehung* zusammenhängt. Für jene Kinder, die ihre Schularbeiten nicht allein machen wollen, wurde ein Verstärkungsprogramm (im »Notfall« mit einem Belohnungssystem gekoppelt) angeboten.

Um nun das ganz persönliche Rechtschreibproblem Ihres Kindes auf einen Blick zu erfassen, sollten Sie folgende Beobachtungen prüfen und – falls sie zutreffen – ankreuzen.

1. Unser Kind zeigt *im Allgemeinen* mäßige bis schwache Schulleistungen (eventuell hat es eine Klasse wiederholt bzw. besucht es eine Sonderschule). ❑
2. Dem Kind fällt es offenbar *generell* sehr schwer, zu lernen, zu behalten und zu denken. ❑
3. Seine Fehlerprozentzahl ist in den Klassenarbeiten deutlich höher (um mehr als 5%) als in den Übungsdiktaten. ❑
4. Bei 100 geschriebenen Wörtern macht es mehr als 5 Flüchtigkeitsfehler (Fehlertyp II). ❑
5. Unser Kind ist bei den Hausaufgaben verspielt und unselbständig. ❑
6. Mein Umgangston (vgl. Diagramm S. 49) liegt meist in den Kategorien 3, 4 und 5. ❑
7. Im Diagramm »Ablehnung/Zuwendung« (vgl. S. 53) dominiert meist die Ablehnung. ❑

Können wir aber mit diesen wenigen Beobachtungen tatsächlich die Ursachen für das Rechtschreibproblem unseres Kindes auf einen halbwegs überschaubaren Nenner bringen? Versuchen wir es wenigstens. Denn trotz der schier unüberschaubaren Vielfalt orthographischer »Entgleisungen« findet man immer wieder ganz typische Übereinstimmungen: Wenn Ihr Kind auffallend viele *Flüchtigkeitsfehler* macht (Frage 4), dann wird seine Rechtschreibung auf jeden Fall *auch* durch ein Konzentrationsproblem beeinträchtigt, das zumindest im Augenblick des Diktats auftritt. Wenn außerdem die Fehlerzahl Ihres Kindes in den Klassenarbeiten in der Regel höher ist als in Übungsdiktaten (Frage 3), dann können wir davon ausgehen, dass es seine Flüchtigkeitsfehler aus *Misserfolgsängstlichkeit* produziert. Nicht selten kommt es vor, dass die Rechtschreibleistung eines misserfolgsängstlichen Kindes völlig ausreichend oder gar befriedigend wäre, wenn nur seine »echten« Fehler (Fehlertyp I) bewertet würden. Trifft diese Beobachtung auf Ihr Kind zu? Dann werfen Sie bitte noch einmal einen Blick auf die Fragen 6 und 7. Sind sie angekreuzt? Dann wird Ihnen das Angstthermometer wahrscheinlich einiges über die Hintergründe der Ängstlichkeit Ihres Kindes erzählen können.

Falls Ihr Kind gewöhnlich viele Flüchtigkeitsfehler macht, aber seine Fehlerzahl in den Klassenarbeiten *nicht* höher ist als in den Übungsdiktaten (und Sie keinerlei Indizien für eine Misserfolgsängstlichkeit entdecken können), dann spielt seine *Ablenkbarkeit* eine wichtige Rolle. Sollte Ihr Kind zudem bei den Hausaufgaben besonders verspielt sein (Frage 5), dann besteht sehr wahrscheinlich ein Zusammenhang zwischen seinem Konzentrationsmangel und Problemen bei seiner *Selbständigkeitserziehung*.

Wenn Ihr Kind allerdings schon immer auffallend unruhig und fahrig war, wenn es bei Leistungsanforderungen schnell ermüdet und seine Schrift gegen Ende des Diktats immer schlechter wird, wenn es grundsätzlich nicht lange still sitzen und seine Gedanken nur schwer beisammenhalten kann (selbst wenn es sich darum bemüht), dann könnte seine Konzentrationsstörung organischen Ursprungs sein. Ebenso gut ist es aber möglich, dass ungünstige Erziehungseinflüsse (Fragen 6 und 7) in Verbindung mit einer anlagebedingten Bereitschaft zur Unruhe für diese Auffälligkeiten des Kindes verantwortlich sind.

Was die *Wissensfehler* (Fehlertyp I) betrifft, so haben wir ihre möglichen Ursachen schon ausführlich besprochen. Es nützt allerdings nicht viel, darüber zu spekulieren, ob unser Kind vielleicht – irgendwo – eine Schwäche hat oder ob ein ungünstig verlaufener Rechtschreibunterricht die Hauptschuld an seiner Rechtschreibmisere trägt. Begnügen wir uns mit der viel wichtigeren Feststellung, dass Wissensfehler grundsätzlich einen Übungsrückstand signalisieren, den es aufzuholen gilt.

Bleiben wir aber noch einen Augenblick bei den Kindern, die im Allgemeinen mäßige bis schwache Schulleistungen zeigen und auch sonst einige Mühe mit dem Lernen, Behalten und Denken haben (Fragen 1 und 2). Für solche mageren Erträge hat man gern eine scheinbar plausible Erklärung zur Hand: »Dem Kind fehlt es an Intelligenz.« Darauf gibt es nur eine Antwort: Das ist eine leichtfertige Unterstellung – es sei denn, dieser Verdacht wurde durch eine gründliche psychologische Untersuchung bestätigt. Denn es ist keinesfalls ausgeschlossen, dass ein Kind – obwohl ein »hoffnungsloser« Schulversager – nur schwach begabt *scheint*, in Wirklichkeit aber durch eine psychische Sperre (sei es durch mangelnde Lernbereitschaft oder durch Misserfolgsängstlichkeit) seine Fähigkeiten nie hat entfalten können. Wir sollten immer daran denken, dass unter den Sitzenbleibern und Sonderschülern sehr viele überdurchschnittlich intelligente (oder gar hochbegabte) Kinder anzutreffen sind, die nur wegen ungünstiger Erziehungseinflüsse (Fragen 6 und 7) resigniert und versagt haben. Die ganze Tragik dieser Kinder wird in folgendem Beispiel deutlich:

Heike war 9 Jahre alt, als sie uns von ihren Eltern wegen totalen Schulversagens vorgestellt wurde. Sie hatte das dritte Schuljahr bereits wiederholt und zeigte auch jetzt – nach dem Zwischenzeugnis – nicht die geringste Leistungsverbesserung. Sowohl im Rechtschreiben als auch im Rechnen stand sie weiterhin glatt mangelhaft. Ein Fall für die Sonderschule? Das Kind war bereits vom zuständigen Sonderschullehrer sowie von der Amtsärztin getestet worden. In beiden Fällen ergab sich ein Intelligenzwert, der sehr weit unter dem Durchschnitt lag. Also ein klarer Fall von Lernbehinderung? Sehen wir weiter.

Wir wollten uns aber mit diesem Ergebnis nicht zufrieden geben, weil das ausgesprochen stille, zurückhaltende, schüchterne (oder besser: verschüchterte) Verhalten des Mädchens sehr auffällig war. Deshalb versuchten wir zunächst in mehreren Begegnungen, das Vertrauen des Kindes zu gewinnen. Wir sprachen und spielten mit ihr – mehr aber nicht. In der vierten Sitzung ließen wir Heike ein Bild malen. Sie sollte ihre Familie in Tiere verwandelt darstellen – eine Art Test, den man gern als Auflockerung einer psychologischen Untersuchung gibt, um – eventuell – symbolische Hinweise auf die Dynamik und die Atmosphäre innerhalb der Familie zu erhalten. Als wir das Kunstwerk des Mädchens in den Händen hielten, fiel es uns – im wahrsten Sinne des Wortes – wie Schuppen von den Augen. Nicht nur, dass der Vater als schuppiges, zähnebespicktes, aggressives Krokodil dargestellt war, das Heike zu verschlingen drohte – die gesamte Zeichnung bewies eine derart ausdrucksstarke, plastische und harmonische Linienführung, ein derart ausgeprägtes Formgefühl, dass jeder Zweifel an der überdurchschnittlichen Intelligenz des Mädchens blanker Hohn gewesen wäre.

Durch diese Zeichnung ermutigt, führten wir mit Heike erneut einen Intelligenztest durch, ganz behutsam, ständig ermutigend, jedoch nie

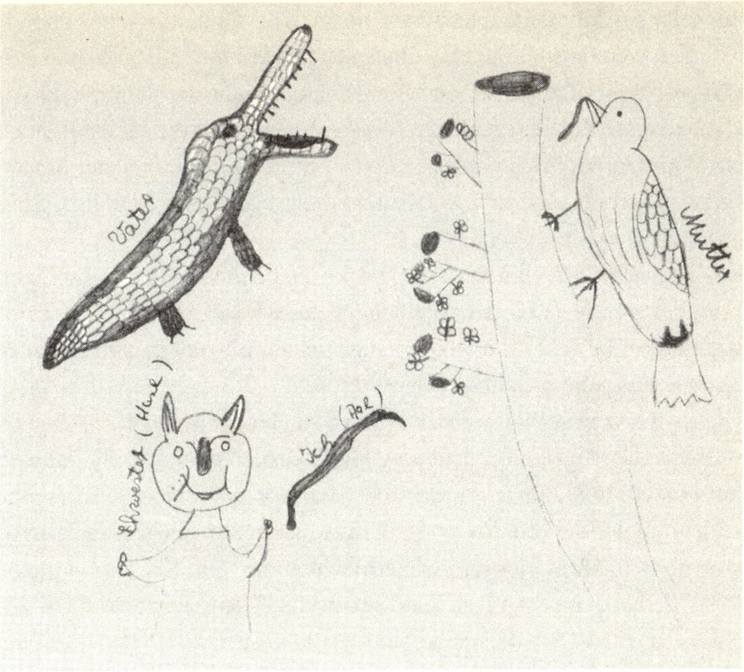

So sieht die – angeblich schwachsinnige – neunjährige Heike ihre Familie. Auffällig ist nicht nur das hochaggressive Vatersymbol. Auch die Darstellung ihrer 5-jährigen Schwester (mit der Heike häufig Konflikte hatte), ihrer Mutter (die oft auf ihr »herumhackte«), ihrer eigenen Person (die vergeblich versuchte, sich »durchzuschlängeln«) sowie die abgeschnittenen Äste des Baumes dokumentieren in eindrucksvoller Weise die Tragik des Kindes. Die Bezeichnungen »Hase« und »Aal« wurden vom Berater nach Befragen des Kindes ergänzt.

fordernd. Und das Ergebnis bestätigte unsere Vermutung: In Wirklichkeit war Heike ein weit überdurchschnittlich intelligentes Kind! Aber wieso hatte sie in den vorhergehenden Untersuchungen so schlecht abgeschnitten? Die Antwort darauf konnte nur durch ausführliche Gespräche mit den Eltern gefunden werden. Wie die Tierzeichnung schon ahnen ließ, stand Heike unter dem ungeheuren Druck eines geradezu fanatisch leistungsbesessenen Vaters. Für jede Zensur, die schlechter als »gut« war, wurde sie mit einem Holzknüppel verdroschen. Sie entwickelte eine immense, panische Angst vor dem Vater, ja eine generelle Scheu vor allen Menschen – insbesondere vor vaterähnlichen Personen, vor Autoritäten also, und demnach auch vor der Schule und vor allen Instanzen, die irgendwie Autorität verkörperten. Ist es da noch ein Wunder, dass Heike auch in den Tests, die im Rahmen der Schule (bzw. in einer nüchternen Amtsstube) mehr oder weniger zügig durchgezogen wurden, völlig versagte?

Mit großer Mühe gelang es dann, Heike über den Weg der Freiwilligen Erziehungshilfe in einer heilpädagogischen Heimschule unterzubringen. Muss noch erwähnt werden, dass sie nur ein halbes Jahr später in allen Schulfächern die Note »gut« erhielt?

Dieses Beispiel sollten sich *alle* Eltern zu Herzen nehmen! Sicher: Es ist nicht die Regel, dass man sein Kind wegen schlechter Schulnoten mit einem Holzknüppel verdrischt. Aber können nicht auch ständige Ablehnungen und ein zu harter Umgangston auf ein sensibles Kind wie ein Schlag ins Gesicht, wie ein Schlag mit dem Knüppel wirken? Also: Selbst dann, wenn ein Kind schon eine Klasse wiederholt hat, sogar wenn es zur Sonderschule geht, wenn seine Diktate geradezu von Fehlern überfließen, muss nicht zwangsläufig eine schwache Begabung vorausgesetzt werden. Das totale Schulversagen eines Kindes kann auch allein durch seine Misserfolgsängstlichkeit oder durch mangelnde Lernbereitschaft verursacht worden sein.

Vielleicht regt sich in Ihnen nach der Lektüre dieses Kapitels ein Verdacht, wo die wesentlichen Ursachen für die Rechtschreibprobleme Ihres Kindes liegen mögen. Vielleicht haben Sie sogar den Schlüssel zu seiner individuellen Leistungsmisere gefunden. Möglicherweise sind Sie aber auch durch die Vielfalt der Ursachen und Wirkungen (die wir zwar vereinfacht haben, obwohl sie in Wirklichkeit viel komplizierter sind) etwas verunsichert. Das sollte Ihnen aber auf gar keinen Fall den Mut nehmen weiterzulesen. Im Gegenteil. Wenn Sie unsere Überlegungen nachvollzogen haben und entschlossen sind, die Diagramme auszufüllen, wenn Sie sich also um das Rechtschreibproblem Ihres Kindes Gedanken machen und sich um eine kritische Prüfung Ihres eigenen Verhaltens bemühen wollen, dann bestehen berechtigte Hoffnungen, dass Sie mit dem Rechtschreibspiel sichtbare Erfolge erzielen werden. Denn ganz gleich, ob Ihr Kind wegen Lernschwierigkeiten (worin sie auch immer begründet sein mögen), wegen Misserfolgsängstlichkeit oder wegen seiner Ablenkbarkeit beim Rechtschreiben irrt – *in allen Fällen* werden wir die Rechtschreibung des Kindes verbessern können. Vorausgesetzt – und das ist die wirklich alles entscheidende Bedingung –, wir führen das nachfolgende Lernspiel geduldig und *in aller Konsequenz* durch.

Das Lernspiel

Der Grundsatz des Rechtschreibspiels lautet: Rechtschreiben lernt man nur durch Rechtschreiben. Hier mögen viele Eltern seufzend einwenden: »Aber wir haben doch ständig mit unserem Kind geübt, doch es hat alles nichts genützt.« Für diese betrübliche Erfahrung sind im Wesentlichen zwei Gründe verantwortlich:

(1) Normalerweise wird das psychologische Umfeld (vgl. Vorbereitungsphase) nicht verändert. Vielfach bleibt das Kind also weiterhin unselbständig, ablenkbar, lustlos oder auch misserfolgsängstlich, ohne dass man die hierdurch verursachten Konzentrationsprobleme in irgendeiner Weise berücksichtigt hätte.

(2) Die von den Eltern durchgeführten Übungseinheiten sind oftmals zu lang und die Methodik ist fast immer unsystematisch. Es ist nämlich wenig sinnvoll, ein Kind ständig neue Texte schreiben zu lassen, um schon nach kurzer Zeit festzustellen, dass schon wieder fast alles vergessen wurde. Außerdem werden die Lernfortschritte des Kindes normalerweise weder genau erfasst noch fortlaufend kontrolliert. In der Regel übt man also monate- und jahrelang ins Blaue und gerät immer mehr in den Teufelskreis von Misserfolg und Lustlosigkeit (bzw. Misserfolgsängstlichkeit) – bis hin zur völligen Resignation.

Doch selbst wenn Sie schon (fast) resigniert haben und der Meinung sind, dass »sowieso alles nichts nützt«, sollten Sie einen neuen Versuch wagen. Denn der ersehnte Erfolg hängt viel weniger davon ab, *dass* Sie mit dem Kind üben (was Sie gewiss schon hinreichend getan haben), sondern *wie* Sie die Übungen gestalten. Und all jene psychologischen Faktoren, die für ein sinnvolles Rechtschreibtraining unerlässlich sind, obwohl sie meistens außer Acht gelassen werden, wollen wir in unserem Lernspiel berücksichtigen:

(1) Für viele Kinder genügt es einfach nicht, ein Wort nur gelegentlich zu sehen und zu schreiben, um es für alle Zeiten zu behalten. Um ein Wort wirklich überdauernd zu speichern, sollte es in kürzeren Abständen mehrfach geschrieben, also eingeschliffen werden. Die Anzahl der Lerndurchgänge ist natürlich von Wort zu Wort und von Kind zu Kind völlig unterschiedlich. Deshalb brauchen wir ein Übungssystem, das ganz individuell auf das jeweilige Kind eingeht, gleichzeitig aber garantiert, dass ein Wort so lange geübt wird, bis es wirklich »sitzt«.

(2) Die Aufmerksamkeit während des Schreibens muss erhöht werden. Deshalb sollte das Lernspiel neben Wortlisten (die ökonomischste Art der Wiederholung) auch fortlaufende Texte anbieten. Entscheidend dabei ist, dass *unmittelbar* nach einem falsch geschriebenen Wort ein Signal gegeben wird, das auf den Fehler aufmerksam macht. Dieses Signal wird sich im Kind als »innerer Polizist« festsetzen und allmählich dazu führen, dass es nach jedem geschriebenen Wort – ganz automatisch – eine kurze Rückschau hält.

(3) Vor allem misserfolgsängstliche Kinder müssen die positive Erfahrung machen, dass ein Diktat grundsätzlich frei von jeder Missbilligung und Kritik ist. Solche Reaktionen wollen wir ja bereits in der Vorbereitungsphase ausschalten. Doch auch während des Lernspiels werden wir unsere Reaktionen (insbesondere auf »dumme« Fehler) kontrollieren müssen.

(4) Kind und Eltern brauchen unbedingt sichtbare Erfolgserlebnisse, also eine ständige Rückmeldung des Lernerfolgs. Nur so können sie ermutigt und angespornt werden, in ihren Bemühungen fortzufahren. Deshalb müssen wir in unserem Lernspiel über die einzelnen Diktate genau Buch führen. Dieser letzte Punkt, die Motivation von Eltern und Kind, ist das A und O des Rechtschreibspiels. Denn: Neben den Übungsrückständen, die fast alle rechtschreibschwachen Kinder aufweisen, spielt ihre Lustlosigkeit eine entscheidende Rolle. Dabei ist es gleichgültig, ob dieser Mangel an Lernbereitschaft schon von Anfang an Ursache des Rechtschreibproblems war oder sich als Folge eines

permanenten Misserfolgs entwickelt hat. Tatsache ist, dass wohl für alle rechtschreibschwachen Kinder allein schon das Wort »Diktat« ein rotes Tuch bedeutet – ebenso für ihre Eltern. Wer kann es ihnen verdenken? Dennoch sollten Eltern wieder Mut fassen und ihrem Kind wieder Mut machen. Gerade der zuversichtliche, optimistische Auftrieb ist es, der schon in vielen scheinbar hoffnungslosen Fällen erstaunliche Lernfortschritte ermöglicht hat. Vergessen wir nicht: Selbst in so genannten schweren Fällen werden vom Kind oft mehr richtige als falsche Wörter produziert. Auch wenn ein Kind bei 100 Wörtern 30, 40, ja 60 Fehler macht, hat es das Rechtschreiben doch prinzipiell begriffen. Wie sollte es sonst die übrigen Wörter richtig geschrieben haben? Es gibt absolut keinen Grund anzunehmen, dass dieses Kind nicht in absehbarer Zeit nur noch 25, 20, 10 oder gar 5 Fehler pro 100 Wörter macht. Ist das kein Grund zum Optimismus?

Die Bedingungen des Lernspiels

Das Rechtschreibspiel ist bislang mit Kindern vom 1. bis 7. Schuljahr (in einigen Fällen sogar mit rechtschreibschwachen Studenten) erprobt worden. Und es hat sich immer wieder gezeigt: Wer Geduld und Durchhaltevermögen mitbrachte, wurde grundsätzlich mit einer besseren Rechtschreibleistung belohnt.

Dazu sagen wir dem Kind etwa Folgendes: »Du weißt ja selbst, dass du mit dem Rechtschreiben Schwierigkeiten hast – und wir haben ja auch schon alles Mögliche ausprobiert, um dir zu helfen. Ich kann gut verstehen, dass du das Wort ›Diktat‹ nicht mehr hören kannst – aber du bist ja selbst sauer über die vielen Fehler, oder? Deshalb will ich dir einen Vorschlag machen: Ich habe hier ein neues Rechtschreibspiel, das dir wirklich helfen kann. Natürlich musst du mitspielen – sonst kann deine Rechtschreibung kaum besser werden, nicht wahr? Aber du wirst dich wundern, wie wenig Zeit wir für unser Spiel benötigen. Was meinst du: Wie viel Zeit pro Woche wollen wir für das Rechtschreibspiel verwenden? (Antwort des Kindes abwarten) Ist wohl eine Stunde pro Woche* zu viel? (Meist sind die Kinder mit diesem Vorschlag einverstanden). Und damit's nicht zu lang wird, teilen wir diese Stunde genau in vier Teile – so brauchst du an vier Tagen bloß 15 Minuten** mitzuspielen. Was meinst du – ist das zu viel? Und wirst du auch immer mitspielen? Am besten suchen wir uns gleich vier Tage aus, an denen du nicht so viel zu tun hast (weniger Schulaufgaben, keinen Unterricht am Nachmittag, keine Klavierstunde, keinen Sport usw.).«

Dabei kann man ruhig den Samstag oder Sonntag einbeziehen – das hängt ganz von der jeweiligen familiären Situation ab. Die einzelnen Übungstermine sollten allerdings so verteilt werden, dass nicht mehr als zwei Tage zwischen je zwei Übungen liegen. In einigen Fällen wird es vorkommen, dass das Kind schon so entmutigt ist, dass es sich strikt

* Für Erst- und Zweitklässler: 40 Minuten, für Schüler der Klassen 5 und 6: 80 Minuten.

** Für Erst- und Zweitklässler: 10 Minuten, für Schüler der Klassen 5 und 6:20 Minuten.

weigert mitzuspielen. Dann sollten Sie getrost die einzelnen Übungstermine mit einem »Kreuzchen« (gekoppelt mit einer Belohnung) schmackhaft machen. Außerdem wäre zu überlegen, ob nicht generell alle Kinder für ihre zusätzliche Mühe (auch materiell) belohnt werden sollten. Sind sie denn nicht mit ihrer Rechtschreibschwierigkeit schon genug bestraft?

Es bleibt den Eltern aber freigestellt, ob sie dieser Empfehlung folgen möchten. Eine solche zusätzliche Verstärkung ist nur dann für unser Lernspiel notwendig, wenn gute Worte allein das Kind nicht zum Mitspielen bewegen können.

Wer soll nun mit dem Kind das Rechtschreibspiel durchführen? Eigentlich spielt das keine Rolle. Das kann die Mutter oder der Vater sein, ebenso gut aber auch die Großeltern, Geschwister oder auch der Nachhilfelehrer. Nach Möglichkeit sollte aber der Spielpartner nicht allzu häufig wechseln, weil sich das Kind dann immer wieder umstellen muss. Wichtig ist nur, dass die Beziehung zwischen dem Kind und seinem Mitspieler angst- und spannungsfrei sein sollte (»Das kann mein Mann besser, ich bin immer so nervös ...«). Beispielsweise stieg in einem Fall die Fehlerzahl eines Kindes nur deshalb ganz plötzlich rapide an, weil es mit seiner Schwester, die ausnahmsweise das Lernspiel durchführte, gerade Streit hatte.

Daraus ergibt sich zwangsläufig eine weitere Konsequenz: Wenn das Kind dann und wann einen lustlosen Tag erwischt hat und einfach nicht mitmachen will, sollten Sie es auf gar keinen Fall zum Diktat zwingen. Solche Zwangsübungen zerren unnötigerweise an den Nerven des Diktierenden und nützen dem Kind erfahrungsgemäß überhaupt nichts. In der Regel ist das Kind am nächsten Tag wieder bereit mitzumachen.

Falls sich das Lernspiel allerdings zum ständigen Zankapfel entwickelt, falls sich das Kind also – trotz Verstärkung – grundsätzlich oder immer wieder weigert mitzumachen, dann sollte man erst recht auf jede Form von Zwang verzichten. In solchen Fällen ist es aber ratsam, eine psychologische Beratungsstelle aufzusuchen, um Spannungen in der Eltern-Kind-Beziehung aufzudecken und zu lösen.

Der Spielverlauf

Die Grundrate

Wir haben schon beschrieben, wie Sie die Fehlerprozentzahl Ihres Kindes ermitteln können (vgl. S. 62), um sich von seinen Diktaten einen genaueren Eindruck zu machen. Von diesem Fehlerniveau, von der Fehler-Grundrate also, wollen wir nun ausgehen, damit die Lernfortschritte des Kindes besser vergleichbar werden.*
Nehmen Sie also die letzten vier Übungsdiktate Ihres Kindes und tragen Sie ihre Fehlerprozentzahl in das Fehlerdiagramm ein. Wenn ein Kind beispielsweise in diesen vier Diktaten 14%, 17%, 11% und 20% Fehler gemacht hat, sieht seine Grundrate so aus, wie im Diagramm auf der folgenden Seite dargestellt.**
Dieses Fehlerdiagramm, die Rückmeldung des späteren Erfolgs, ist ein ganz wichtiges Element des Rechtschreibspiels. Nur so kann man über einen längeren Zeitraum hinweg präzise verfolgen, wie die Lernfort-

> Das Nessie-Diagramm für die Fehlerrate ist ein nützliches Instrument, um die Fortschritte im Rechtschreibspiel anschaulich darzustellen und gleichzeitig zu beschleunigen – also ein wirkungsvoller *positiver Verstärker*. Sie werden bald feststellen: Die sinkende Fehlerkurve steigert nicht nur die Motivation Ihres Kindes, sondern sie übt auch einen positiven Einfluss auf Ihre eigene Erwartungshaltung und Befindlichkeit aus. Wichtig: Lassen Sie sich von kleinen Rückschritten nicht entmutigen. In Hunderten von Fällen hat sich immer wieder gezeigt: Es geht bald wieder aufwärts.

* Da die Kinder des ersten und zweiten Schuljahres nur über einen begrenzten geschriebenen Wortschatz verfügen, verzichten wir auf die Ermittlung ihrer Grundrate.
** Bei dieser Gelegenheit wollen wir uns noch einmal an unser eigenes Diktat erinnern, das wir zu Anfang geschrieben haben. Hand aufs Herz: Ist unser Kind im Rechtschreiben wirklich viel schlechter als wir selbst?

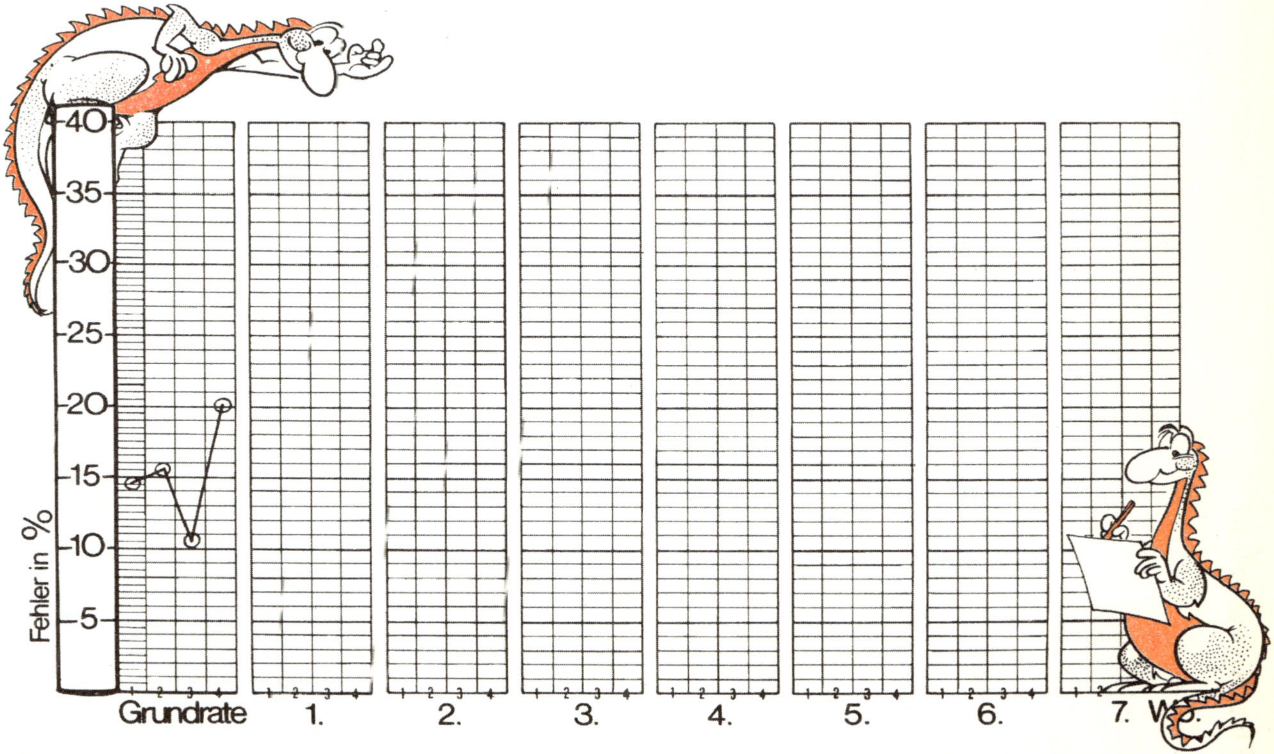
Fehler in %
40
35
30
25
20
15
10
5
1 2 3 4
Grundrate
1.
2.
3.
4.
5.
6.
7. Wo.

schritte (oder -rückschritte) des Kindes verlaufen sind. So wird man beispielsweise feststellen können, dass nach einer übungsfreien Zeit (Krankheit, Ferien, »keine Lust«) bei vielen Kindern die Fehlerkurve auf einem deutlich höheren Niveau einsetzt oder dass auffällige Fehlergipfel oft die Befindlichkeit des Kindes an einem »schlechten Tag« widerspiegeln. Falls Sie keine Übungsdiktate zur Verfügung haben, können Sie die Grundrate auch mit Hilfe folgender Texte ermitteln, die Sie Ihrem Kind an vier verschiedenen Tagen diktieren:

Diktate für das 3. und 4. Schuljahr

1. Diktat:
Heute kommt der Anstreicher. Er klebt neue Tapete an die Wände. Mit viel Geschick lackiert er die schmalen Heizkörper unter den Fensterbänken. Auch Mutter ist flink bei der Arbeit. Sie hat es eilig, weil sie gleich fortgehen will. Bald ist der Malermeister fertig und wir können in die Stadt gehen.

2. Diktat:
An einem Frühlingstag gehen Vater und ich im Wald spazieren. Die Bäume blühen und die Blumen sprießen. Ein Fink sitzt im Geäst und zwitschert fröhlich ein Lied. Dann kommen wir an einer Quelle vorbei. Das Wasser ist ganz sauber und schmeckt sehr gut. Anschließend machen wir uns auf den Heimweg.

3. Diktat:
Am letzten Sonntag war ich im Zoo. Am besten gefielen mir die Affen. Manche hingen faul an den Ästen eines knorrigen Baumes, andere sprangen aufgeregt durch den Käfig. Einer von ihnen griff plötzlich durch die Gitterstäbe und krallte sich in dem Hut einer Frau fest. Da musste ich laut lachen.

4. Diktat:
Wir verbringen die Ferien auf dem Bauernhof der Großeltern. Opa holt uns vom Bahnhof ab. Oma hat leckeren Kuchen gebacken. Dazu gibt es heißen Kakao. Danach gehen wir noch in den Stall zu den Kühen und Schweinen. Aber dann müssen wir schnell ins Bett, weil es schon sehr spät ist.

*Diktate für das 5. und 6. Schuljahr**

1. Diktat:
Heute gehe ich mit Mutter in den Supermarkt. Zunächst lege ich Brot, Zwieback und Zucker in den Einkaufskorb, dann Apfelsinen und eine Flasche Essig. An der Kasse herrscht großes Gedränge. Wir müssen lange warten, bis wir endlich an der Reihe sind. Schließlich können wir bezahlen. Mutter gibt der Kassiererin einen Hundertmarkschein und bekommt nur fünfzehn Mark zurück. Bevor wir den Supermarkt verlassen, bekomme ich noch ein leckeres Schokoladeneis. Nun machen wir uns mit den schweren Einkaufstüten auf den Rückweg. Unterwegs fängt es plötzlich an zu regnen. Mutter hat aber vorsorglich einen Regenschirm mitgenommen. So kommen wir trocken zu Hause an.

2. Diktat:
Oliver wohnt in der Nähe des Bahnhofs. Wenn er aus dem Fenster schaut, kann er die Züge in den Bahnhof einfahren sehen. Schwere Lokomotiven ziehen eine lange Wagenreihe hinter sich her. Bevor die Züge einfahren, müssen sie einige Signale passieren. Nur wenn grünes Licht leuchtet, dürfen sie weiterfahren. Bei rotem Licht müssen sie warten. Natürlich kann Oliver auch die Züge sehen, die den Bahnhof verlassen. Zunächst kriechen sie ganz langsam vorwärts. Dann werden sie aber immer schneller. Laut rattern die Eisenräder über die Weichen. Schließlich flitzen die Züge pfeilschnell über die Schienen, bis man nur noch die roten Schlussleuchten sieht.

3. Diktat:
Am Samstag hat Heike Geburtstag. Sie hat ihre Freundinnen eingeladen. Ihre Eltern haben ihr ein neues Kleid geschenkt. Das hat sie zur Feier des Tages angezogen. Um drei Uhr empfängt sie ihren Besuch. Nicht weniger als fünf Mädchen gratulieren ihr zum elften Geburtstag.

* Bei älteren Kindern können Sie aus dem Sprachbuch, aus dem Lesebuch oder aus Sachbüchern altersgemäße Texte (wenn möglich, aus einem Interessengebiet des Kindes) auswählen.

Alle haben schöne Geschenke mitgebracht. Nachdem sich Heike artig bedankt hat, gibt es Kaffee und Kuchen mit Sahne. Mutter hat auch knusprige Plätzchen gebacken. Anschließend gehen die Mädchen ins Kinderzimmer, um zu spielen. Dort werden sie von Heikes blauem Wellensittich mit aufgeregtem Gezwitscher begrüßt. Die Mädchen scharen sich um seinen Käfig, damit sie ihn besser sehen können.

4. Diktat:
Ralf und Dirk machen eine Radtour. Sie wollen zu einem Segelflugplatz außerhalb der Stadt fahren. Doch schon nach wenigen Kilometern müssen sie anhalten. Dirk hat in seinem Hinterrad einen Plattfuß. Zum Glück hat Ralf Flickzeug mitgenommen. Dirk stellt sein Fahrrad auf den Kopf, zieht den Reifen über die Felge und klebt einen großen Flicken auf das Loch im Schlauch. Nach wenigen Minuten können sie schon weiterfahren. Auf dem Segelflugplatz ist viel Betrieb. Mehrere Flugzeuge kreisen in der Luft, andere werden zum Start geschoben. »Da fahre ich doch lieber mit dem Fahrrad«, grinst Ralf, als ein Segelflugzeug über ihre Köpfe zischt.

Um die Berechnung der Fehlerprozentzahl zu vereinfachen, haben die Diktate für das 3. und 4. Schuljahr genau 50, die Diktate für das 5. und 6. Schuljahr 100 Wörter. So brauchen Sie bei den kürzeren Diktaten die Fehlerzahl nur mit dem Faktor 2 zu multiplizieren, um die Fehlerprozentzahl zu erhalten. Bei den längeren Diktaten ist die Fehlerzahl mit der Fehlerprozentzahl identisch.
Die vorliegenden Diktate wurden an verschiedenen Schulen in mehreren Klassen getestet. Dabei gab es zwischen einzelnen Klassen große Unterschiede in ihren Fehlerhäufigkeiten, die nicht allein vom Milieu der Klasse abzuhängen schienen. Es zeigte sich immer wieder, dass Schüler, die in den ersten beiden Schuljahren einen gründlichen Rechtschreibunterricht genossen hatten, im Durchschnitt viel besser waren als Schüler, denen die Orthographie als lästige Begleiterscheinung nahegebracht worden war. Für das dritte und fünfte Schuljahr waren die Diktate generell etwas zu schwer. Mit 6 bis 10 Fehlern gehörte man hier immer noch zu den durchschnittlichen Rechtschreibern. Falls Ihr

Kind zur Zeit im dritten oder fünften Schuljahr sein sollte, wird demzufolge seine mit diesen Diktaten ermittelte Grundrate etwas schlechter ausfallen, als seine durchschnittliche Fehlerzahl eigentlich erwarten ließe.
Doch wie viele Fehler Ihr Kind in diesen Testdiktaten auch immer macht – vermeiden Sie jegliche Vorwürfe und verzichten Sie auch auf eine Berichtigung der Fehler! Die falschen Wörter werden lediglich gezählt (i-Punkte, t-Striche usw. werden so gewertet, wie in der Schule üblich) und ihre Prozentzahl in das Diagramm eingetragen. Damit haben Sie die Grundrate Ihres Kindes ermittelt und können mit dem eigentlichen Training beginnen.

Die Übungsphase

Eine Reihe von Diktaten, die sich aus dem gesamten Grundwortschatz der jeweiligen Klasse (der natürlich das Repertoire aller vorhergehenden Klassenstufen einschließt) zusammensetzen, finden Sie ab S. 147. Weitere altersgemäße Texte können Sie nach der auf S. 142 beschriebenen Strategie zusammenstellen oder auswählen.
Die Mutter (bzw. der Vater, die Oma, der Nachhilfelehrer) setzt sich zum Diktat links (bei Linkshändern rechts) neben das Kind, so dass sein Schreiben genau verfolgt werden kann. Denken Sie immer daran, langsam und deutlich zu sprechen. Wenn das Kind einen Fehler macht, warten Sie so lange ab, bis das Wort zu Ende geschrieben ist. Erst dann sagen Sie in ruhigem (auf gar keinen Fall gereiztem!) Ton: »Stopp!« (oder »Halt!«) Das ist das Signal (nicht der Vorwurf), dass etwas mit dem Wort nicht stimmt. Nun kann das Kind nach dem Fehler suchen. Findet es ihn nach kurzem Überlegen nicht, sagen Sie ihm ohne langes Lamentieren und ohne große Erklärungen, wie das Wort richtig geschrieben wird. Im Gegensatz zum Schulunterricht (zu dem unser Lernspiel ja Ergänzung, nicht aber Konkurrenz sein soll) wird hier ganz bewusst darauf verzichtet, bestimmte Buchstaben, Laute oder Regeln einzuüben. Wir wollen das Kind ja nicht verwirren, sondern die Wörter sollen sich einfach nur einschleifen, in Fleisch und Blut übergehen.

Allerdings verwenden wir zwei Eselsbrücken, die grundsätzlich eine Hilfe darstellen: Ableitung und Verlängerung. Wenn das Kind z.B. das Wort »engstlich« schreibt, fragen wir: »Woher kommt das Wort denn?« Und schon kann es den richtigen Anfangsbuchstaben ableiten. Schreibt das Kind z.B. das Wort »fling« lassen wir das Wort verlängern (ein flinker Junge), um auf diese Weise den Schlusskonsonanten eindeutig zu bestimmen.

Die Groß- und Kleinschreibung, die ja knifflig genug ist, wird nur in einem Punkt ausdrücklich erwähnt: Schreibt das Kind ein Substantiv mit kleinem Anfangsbuchstaben (oder ein Adjektiv, Verb oder anderes Wort fälschlicherweise groß), wird dieser Fehler lediglich mit dem Hinweis kommentiert: »Substantive (bzw. Nomen, Namenwörter) werden groß geschrieben.«

Nun streicht das Kind das falsch geschriebene Wort durch und löscht es damit aus. Direkt dahinter wird das Wort noch einmal korrekt geschrieben, fehlende Oberzeichen werden lediglich ergänzt.

Und jetzt kommt das Allerwichtigste: Das Wort wird auf einem Kärtchen verewigt. Bei der fälschlichen Kleinschreibung von Substantiven bzw. fälschlichen Großschreibung von Verben oder Adjektiven können wir allerdings auf diesen Schritt verzichten, weil das Kind ja kein bestimmtes Wort falsch geschrieben, sondern eine allgemein gültige Regel missachtet hat.

Wozu ist auf dem Kärtchen aber noch eine zweite Linie? Hier wird die Ableitung oder Verlängerung eines Wortes (falls vorhanden) oder die Grundform (Infinitiv) bzw. die gebeugte Form eines Verbs aufgeschrieben, weil man daraus ja sehr oft die richtige Schreibweise bestimmter Laute ermitteln kann. Wenn ein Kind im Diktat z.B. »Welder« schreibt, sieht das Kärtchen folgendermaßen aus (bei Substantiven sollten wir ruhig auf den Artikel verzichten – das spart Zeit):

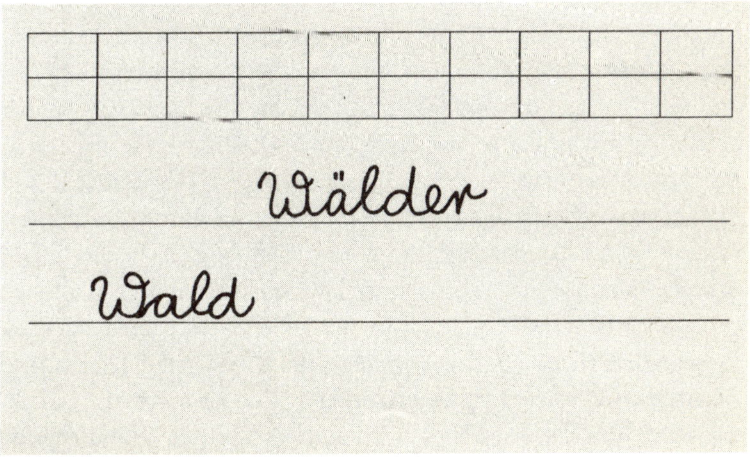

Schreibt das Kind im Diktat z.B. »er (sie, es) träkt«, steht dann auf dem Kärtchen:

In der systematischen Kombination von fortlaufenden Texten und Wortkärtchen liegt das eigentliche Erfolgsgeheimnis des Rechtschreibspiels. Schon nach relativ kurzer Zeit wird dem Kind mit Hilfe des systematisch zusammengestellten Übungsmaterials unser Grundwortschatz sowohl in Form von einzelnen Wörtern als auch von fortlaufenden Texten dargeboten. Und: Anstatt immer wieder die gesamten Texte zu üben, wird lediglich ein Bruchteil dieses Ballastes – nämlich ausschließlich die Wörter, die noch nicht richtig gelernt wurden – systematisch wiederholt. Auf diese Weise spart man sehr viel Zeit und Energie, die normalerweise für das überflüssige Schreiben bereits gelernter Wörter vergeudet würde. Lediglich die nach Jahrgangsstufen geordneten Übungsdiktate, die ab S. 147 abgedruckt sind, greifen ganz bewusst immer wieder auf dieselben Wörter des altersgerechten Grundwortschatzes zurück – auch auf jene, die bereits auf die Kärtchen übertragen wurden. Dieser äußerst intensive Wiederholungsprozess lässt das feste Grundwissen Ihres Kindes rasch anwachsen und steigert gleichermaßen seine Lernmotivation, da sich durch diesen methodischen Kunstgriff seine Fehlerkurve fast zwangsläufig auf Erfolgskurs befindet. Im weiteren Verlauf des Lernspiels sind aber die

Wortkärtchen unsere entscheidende Lernhilfe. Denn sie bilden einen ganz persönlichen Extrakt der kritischen, also fehlerhaften Wörter eines Kindes.
Nächster Schritt: Das Wortkärtchen wandert nun in ein Kästchen (bei seiner Gestaltung sind der Fantasie von Eltern und Kind keine Grenzen gesetzt), das – mit bunten Aufklebern verziert – den Vermerk »falsche Wörter« trägt.
Nun geht es im (fortlaufenden) Text weiter, bis das Kind erneut einen Fehler macht. Die Prozedur wiederholt sich: »Stopp!« (oder »Halt!«) nach Beenden des Wortes, Fehler suchen lassen (bzw. richtige Schreibweise angeben), Wort durchstreichen, richtig dahinter und anschließend auf ein weiteres Wortkärtchen schreiben. Für Erst- und Zweitklässler ist genau nach fünf Minuten das fortlaufende Diktat beendet, für alle älteren Schüler nach zehn Minuten – ganz gleich, ob das Kind alles in allem nur 10, 15 oder 20 Wörter geschafft und nur ein, zwei oder drei Kärtchen gesammelt hat.
Nun beginnt der zweite Teil der Übung: Die Wörter auf den Wortkärtchen werden einzeln diktiert – für Kinder der Klassen 1 bis 4 genau fünf, für ältere Schüler zehn Minuten lang. Am ersten Übungstag werden erst wenige Kärtchen gesammelt sein, so dass Sie die Übung getrost vorzeitig beenden können. Aber schon nach drei, vier Sitzungen wächst das Kärtchen-Konto erfahrungsgemäß so rasch an, dass man genug Stoff für das fünf- bzw. zehnminütige Wortdiktat zur Verfügung hat.
Und wieder müssen wir einen wichtigen Schritt beachten: Schreibt das Kind das Wort richtig, wird dieser Erfolg auf dem Kärtchen mit einem Kreuz vermerkt.
Hat das Kind einen Fehler gemacht, bekommt das Kärtchen einen Strich in das obere linke Kästchen, und wir zeigen dem Kind das Wortkärtchen, damit es sich das korrekte Wortbild auch visuell einprägen kann. Dann wird das falsch geschriebene Wort durchgestrichen und richtig dahinter geschrieben. Das Kärtchen wandert zurück ins Kästchen, und zwar ganz nach hinten. So ist gewährleistet, dass alle Wörter nach dem Umwälzprinzip immer wieder durch das Wortdiktat geschleust werden. Aber auch das Kärtchen mit dem Erfolgskreuz geht zurück in das Kästchen für falsche Wörter. Warum?

Für eine überdauernde Speicherung reicht es nicht aus, ein Wort in nur einer einzigen Wiederholung fehlerfrei geschrieben zu haben. Erfahrungsgemäß macht das Kind am nächsten oder übernächsten Tag häufig schon wieder den gleichen Fehler – zum Leidwesen aller Beteiligten. Und genau das wollen wir ja vermeiden. Deswegen muss das Wort eine ununterbrochene Erfolgsserie von drei Kreuzen aufweisen, bevor man seine relative Verfestigung voraussetzen kann.

Wenn also ein Kärtchen drei Kreuze in unmittelbarer Reihenfolge aufweist, wandert es aus dem Kästchen »falsche Wörter« in ein zweites Kästchen, das den Vermerk »richtige Wörter« trägt. Hier bleibt es zunächst einmal liegen.

Nach fünf bzw. zehn Minuten ist auch das Wortdiktat beendet – ganz gleich, wie viele Wörter das Kind geschafft hat. Zum Schluss werden noch ab dem 3. Schuljahr die Fehler im fortlaufenden Text gezählt. Da die Diktate unterschiedlich lang sind, muss auch die Fehlerprozentzahl errechnet werden, damit die einzelnen Übungen miteinander (halbwegs) vergleichbar werden. Natürlich schwankt der Schwierigkeitsgrad der von Ihnen zusammengestellten oder ausgewählten Diktate, die Sie nach Durcharbeiten des Grundwortschatzes verwenden werden. So kann gelegentlich eine scheinbare Leistungsveränderung des Kindes allein auf die Eigenart des Diktats zurückzuführen sein. Diese Feinheit wollen wir aber nicht weiter berücksichtigen, da wir ja in ers-

ter Linie den Fehlertrend des Kindes, also eine längerfristige Verbesserung, im Auge behalten. Wir dividieren also die Anzahl der Fehler durch die Anzahl der Wörter (mit dem Taschenrechner macht das auch den Kindern Spaß) und tragen anschließend diese Prozentzahl in unser Diagramm* ein.

Damit ist eine Übungseinheit beendet. Vergessen Sie nicht, das Kind mit einem Lob zu entlassen – auch wenn nicht alles hundertprozentig war.

Für Kinder im ersten und zweiten Schuljahr gilt diese Buchführung natürlich nicht. Denn es wäre kaum sinnvoll, für die wenigen, im fünfminütigen Diktat geschriebenen Wörter eine Fehlerprozentzahl zu errechnen. Aber auch diese Jüngsten sollen eine Rückmeldung bekommen: Zählen Sie nach jeder Übung die Wortkärtchen im »richtigen« Kästchen (das wird nach unserem Wiederholungssystem frühestens in der 3. Sitzung möglich sein) und tragen Sie ihre Anzahl in das Diagramm auf S. 104 ein.

Auf diese Weise wird das Kind angespornt, sein Repertoire richtig geschriebener Wörter zu erweitern. Wahrscheinlich kann schon diese kurze, aber regelmäßige Übung – wenn konsequent durchgehalten –

* Ein Diagramm zum Ausschneiden bzw. Kopieren finden Sie auf S. 181.

verhindern, dass sich eine Anfangsschwierigkeit im Rechtschreiben allmählich zu einem handfesten Problem auswächst.
Falls das Kind in unserem Lernspiel zwar willig mitarbeitet, aber im Ganzen doch auffallend langsam schreibt, sollten wir in unserem Diagramm auch die Anzahl der pro Diktat geschriebenen Wörter vermerken. Häufig reicht schon eine bloße Ermutigung (»Sieh mal, heute hast du schon wieder zwei Wörter mehr geschafft«) aus, um das Kind allmählich zügiger werden zu lassen.
Was geschieht aber nun mit den Wörtern im »richtigen« Kästchen? Sie bleiben hier zunächst unberührt liegen, bis sich bei Erstklässlern 15, bei Zweitklässlern 25 und bei allen älteren Schülern 50 Kärtchen angesammelt haben. Das ist oft schon nach zwei, drei Wochen der Fall. Dann wird eine Übungssitzung *ausschließlich* diesen Kärtchen gewidmet. In der Regel schreibt das Kind zwar den größeren Teil dieses Repertoires richtig, aber es macht auch wieder eine Reihe von Fehlern.

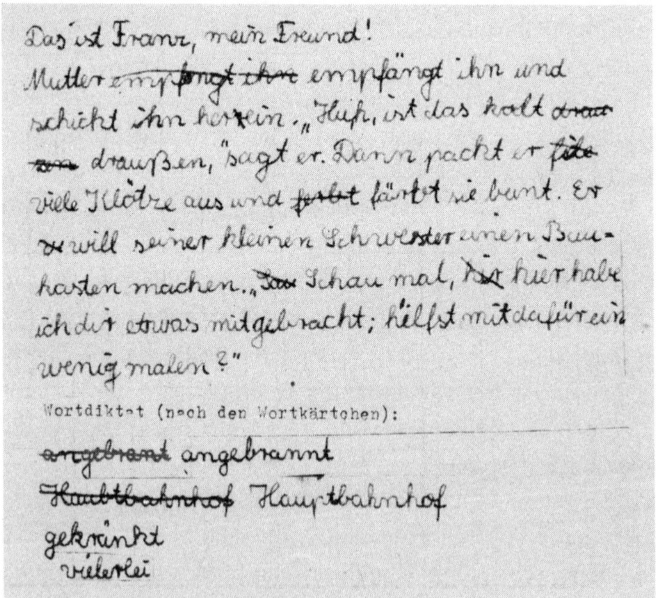
Das ist Franz, mein Freund!
Mutter ~~empfängt ihm~~ empfängt ihn und
schickt ihn herein. „Huh, ist das kalt ~~drau~~
draußen," sagt er. Dann packt er ~~fiele~~
viele Klötze aus und ~~farbt~~ färbt sie bunt. Er
will seiner kleinen Schwester einen Bau-
kasten machen. „Schau mal, hier habe
ich dir etwas mitgebracht; hilfst mit dafür ein
wenig malen?"

Wortdiktat (nach den Wortkärtchen):

~~angebrant~~ angebrannt
~~Hautbahnhof~~ Hauptbahnhof
gekränkt
vielerlei

51 Wörter, 6 Fehler
6:51 = 0,118; F % = 0,118 x 100 = 11,8

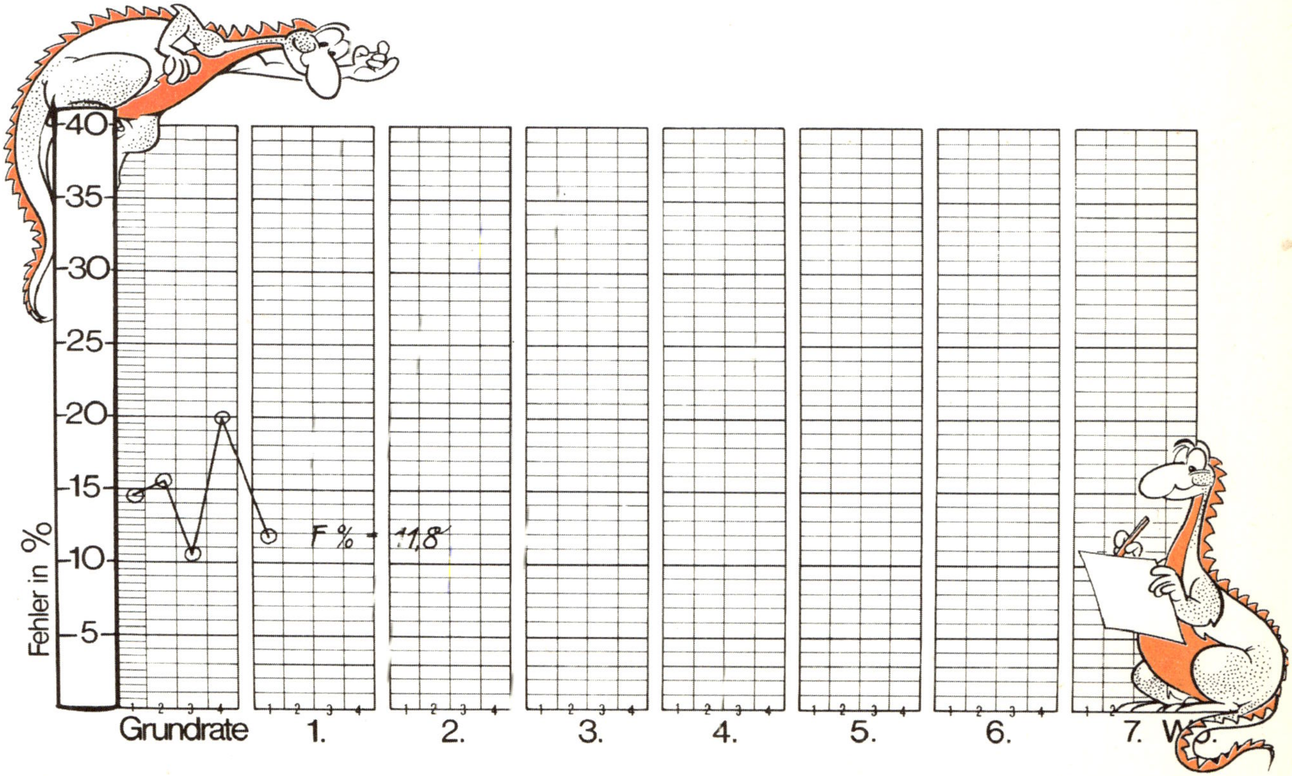

Fehler in %
40
35
30
25
20
15
10
5
1 2 3 4
Grundrate
1.
2.
3.
4.
5.
6.
7. Wo.
F % = 11,8

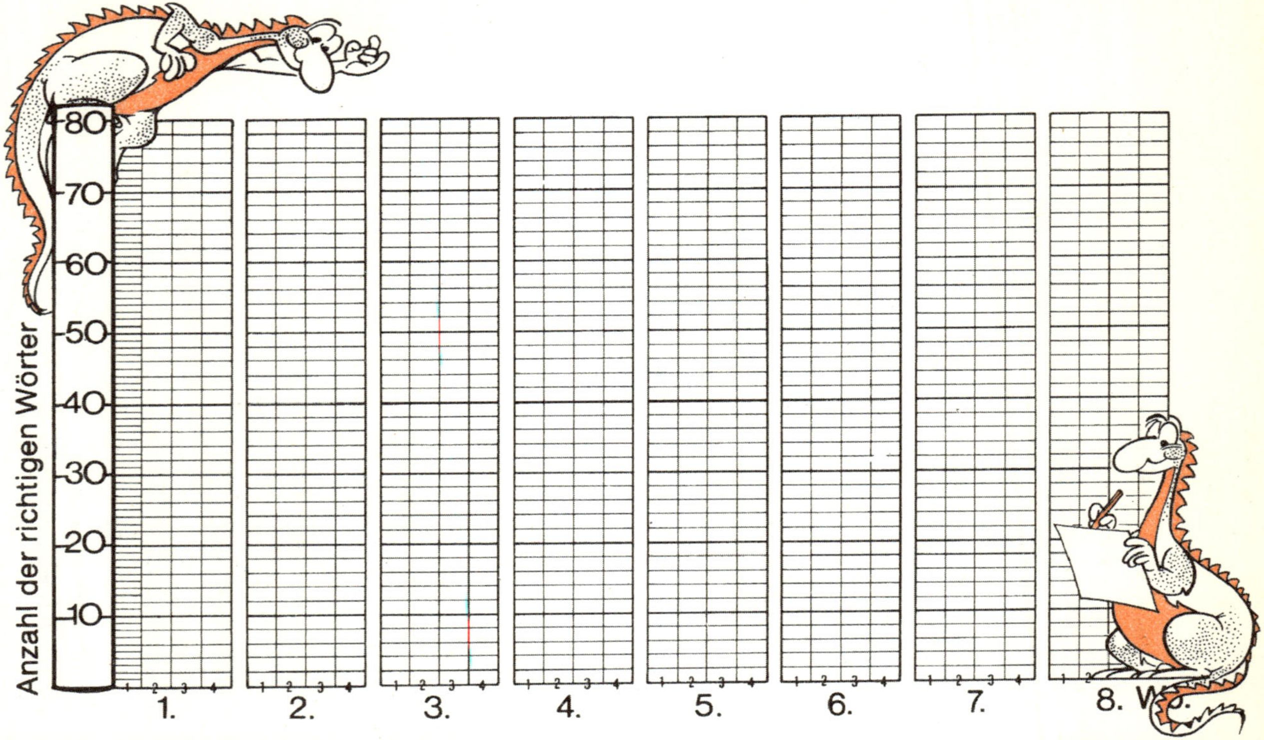

Anzahl der richtigen Wörter
80
70
60
50
40
30
20
10
1 2 3 4
1.
2.
3.
4.
5.
6.
7.
8. Wo.

Daran sieht man, wie notwendig es ist, die Wörter wieder und wieder ins Bewusstsein zu rufen und zu schreiben. Denn der Mensch vergisst nun mal auch das scheinbar felsenfest Verankerte. Und diesem Auslöschungsprozess wollen wir ein Schnippchen schlagen: Die erneut falsch geschriebenen Wörter werden wieder zurück ins »falsche« Kästchen verwiesen und müssen sich ein zweites Mal durch drei Erfolgskreuzchen *in unmittelbarer Reihenfolge* für das »richtige« Kästchen qualifizieren. Und wenn ein Wort so hartnäckig ist, dass es zwanzig Mal geschrieben werden muss – dann ist es halt beim einundzwanzigsten Mal richtig gespeichert. Wir sollten ob solcher Hartnäckigkeit bestimmter Fehler nicht die Geduld verlieren und unbedingt jede Unmutsäußerung vermeiden. Die Generalwiederholung der Kärtchen hat ja gerade den Sinn, die »widerspenstigen Gesellen« unter den Wörtern ausfindig zu machen.
Um unserem Kind die besonders fehlerträchtigen Wörter etwas schmackhafter zu machen, können Sie auch hier mit kleinen Anreizen arbeiten: Lassen Sie das Kind beispielsweise aus dem Stapel der schwierigen Wörter einige herausziehen. Schreibt es ein Wort richtig, wird das Erfolgskreuz mit einer kleinen Belohnung gekoppelt – als Auflockerung der Übung sozusagen.
Die nächste Generalwiederholung der Kärtchen sollte erfolgen, wenn Erstklässler 25, Zweitklässler 40 und die älteren Schüler 75 Wörter im »richtigen Kästchen« gesammelt haben. Dafür werden aber je nach Schreibgeschwindigkeit des Kindes wahrscheinlich zwei Sitzungen notwendig sein. Auch jetzt werden Sie wieder feststellen, dass einige Wörter trotz häufiger Wiederholung immer noch nicht überdauernd gespeichert sind. Gleichzeitig können Sie aber erfreut registrieren, dass die Anzahl der richtigen Wörter stetig ansteigt – ein Beweis dafür, dass Ihr Kind langsam, aber beständig den Wortschatz seiner Schriftsprache erweitert. Die folgenden Wiederholungen der »richtigen« Wörter sollten Sie in ähnlichen Abständen vornehmen. Wahrscheinlich werden Sie im Laufe der Zeit zwei, drei oder gar vier Sitzungen nur für die Wortwiederholungen benötigen. Bis dahin wird sich aber die *gesamte* Rechtschreibung Ihres Kindes vermutlich schon so gebessert haben, dass Sie das Lernspiel allmählich ausblenden können.

Und wann können Sie das Lernspiel beenden? Das soll Ihnen selbst überlassen bleiben. Kinder, die einen *überdauernden* Erfolg erzielt hatten, blieben ihren Kärtchen meist sechs bis acht Monate, teils mehr als ein Jahr lang treu. Doch was bedeutet dieser geringe Zeiteinsatz schon im Verhältnis zu den riesigen Problemen, die dem Kind in seiner Schul- und Berufskarriere aus einer schlechten Rechtschreibung erwachsen würden? Lassen Sie Ihrem Kind das Rechtschreibspiel also zur zweiten Natur werden. Je selbstverständlicher es in den Tagesablauf eingegliedert wird, desto günstiger ist die Aussicht auf einen wirklich anhaltenden Erfolg.

Und wie sieht es in den Schulferien aus? Sicher: Ferien sollen der Entspannung dienen und nicht durch unangenehme Gedanken an die Schule getrübt werden. Doch es hat sich immer wieder gezeigt, dass die Fehlerzahl der Kinder nach einer längeren Pause auf einem höheren Niveau einsetzte und erneute Anstrengungen nötig waren, um wieder auf den alten Stand zu kommen. Hier sollten Sie versuchen, mit Ihrem Kind einen Kompromiss zu schließen. Vielleicht ist es ja bereit, das Lernspiel während der Ferien mit halber Kraft (also zweimal pro Woche) fortzusetzen, vielleicht stimmt es auch dem Vorschlag zu, wenigstens eine Woche vor Schulbeginn die Übungen wieder aufzunehmen. Auf jeden Fall aber sollten Sie Ihrem Kind nicht mit Zwang, sondern nur mit diplomatischem Geschick eine solche Ferienarbeit nahe bringen.

Übrigens: Unser Kärtchensystem eignet sich auch sehr gut für das Erlernen der Vokabeln einer Fremdsprache. Viele Eltern berichteten, dass sie nach Abschluss des Lernspiels ihrem Kind mit den Wortkärtchen auch in Englisch oder Französisch weiterhelfen konnten.

Zu Beginn hatten wir schon erwähnt, dass es streng genommen so viele Rechtschreibprobleme gibt wie Kinder, die diese Schwierigkeiten haben. Möglicherweise haben Sie noch einige Fragen zur speziellen Situation Ihres Kindes. Aus diesem Grund werden im Folgenden einige Fallbeispiele vorgestellt, die einerseits die Wirksamkeit des Rechtschreibspiels eindrucksvoll belegen können, andererseits aber auch ganz konkrete Probleme beschreiben, die Sie vielleicht in ähnlicher Form bei Ihrem Kind beobachtet haben.

Beispiele aus der Praxis

Unser Rechtschreibspiel wurde in einem Zeitraum von mehr als fünfzehn Jahren mit mehreren hundert Kindern in verschiedenen Varianten durchgeführt, wobei sich die hier vorgestellte Spielart als optimal erwiesen hat. Immer wieder konnten wir feststellen, dass auch scheinbar hoffnungslose Fälle nach kurzer Zeit in ihrer Rechtschreibleistung einen unerwarteten Aufschwung nahmen. Die folgenden Beispiele sind also keine Paradefälle, sondern eine Auswahl ganz typischer Entwicklungsverläufe. Die Kinder wurden in Einzeluntersuchungen psychologisch getestet und ihre Rechtschreibentwicklung acht Wochen lang genau verfolgt. Ihren Eltern wurden in längeren Gesprächen all jene Überlegungen vermittelt, die zum Verstehen und Beseitigen der Rechtschreibfehler notwendig sind.
Nach einem Jahr nahmen wir mit den Eltern noch einmal Kontakt auf, um festzustellen, ob und in welcher Weise das Rechtschreibspiel fortgeführt wurde. Und vier Jahre später schließlich wurden die Eltern (soweit erreichbar) erneut befragt, um den Langzeiteffekt unserer gemeinsamen Bemühungen zu kontrollieren.
Ein flüchtiger Blick auf die Lernkurven der Kinder mag beim Leser gewisse Zweifel wachrufen, die von einer Mutter spontan formuliert wurden: »Das ist doch unmöglich!« Aber wir wissen ja, dass allein schon eine Veränderung des psychologischen Umfeldes zu einer spürbaren Verbesserung der Rechtschreibleistung (Fehlertyp II) führen kann.
Was die Wissenslücken der Kinder betrifft, so werden uns einige schlichte Überlegungen im letzten Teil des Buches zeigen, dass sich der geschriebene Wortschatz eines Kindes viel schneller erweitern lässt, als landläufig

angenommen wird (vorausgesetzt, man arbeitet systematisch!). Darüber hinaus werden wir sehen, dass selbst schlechte Rechtschreiber meist den größeren Teil des von ihnen erwarteten Wortschatzes beherrschen. Überdies können Kinder einen nicht unerheblichen Teil ihres Grundwortschatzes ja mit Hilfe verschiedener Lösungsmöglichkeiten (Anwenden einer Regel, Ableitung der Schreibweise eines Wortes aus seinem Klangbild usw.) eventuell richtig wiedergeben. So steckt der »Fehlerteufel« eigentlich nur in einer überschaubaren Anzahl (noch) nicht korrekt eingeschliffener Wörter, die mit Hilfe unseres systematischen Lernspiels in absehbarer Zeit sichtbar verringert werden können – vorausgesetzt (und das soll noch einmal nachdrücklich betont werden), Sie bringen genug Geduld und Durchhaltevermögen auf, um das Rechtschreibspiel zusammen mit Ihrem Kind wirklich konsequent und ausdauernd durchzuführen.

Dieter

Sein Angstthermometer klettert fast auf 100, wenn er nur an ein Klassendiktat denkt. Auch sonst ist Dieter ein ängstlicher Junge, der zwar nach außen hin ruhig und ausgeglichen, ja fast gelassen wirkt, unter dessen Oberfläche aber Angstgefühle brodeln. Er ist 10 Jahre alt, geht in die vierte Klasse und hat im Rechtschreiben eine Sechs. Speziellen Förderunterricht gibt es in seiner Schule aus Personalmangel nicht. Dieters Diktate wimmeln geradezu von Fehlern, wobei der Anteil seiner Flüchtigkeitsfehler in den Klassenarbeiten erwartungsgemäß deutlich erhöht ist.
Im Intelligenztest schneidet Dieter sehr gut ab und auch in den übrigen Schulfächern zeigt er gute Leistungen (Rechnen: sehr gut). Ein klassisches Beispiel dafür, dass sich eine allgemeine (Misserfolgs-)Ängstlichkeit ausschließlich in der komplizierten Fertigkeit des Rechtschreibens auswirken kann und nicht notwendigerweise in anderen Schulfächern sichtbar wird.
Seine Mutter ist überfürsorglich, sein Vater dagegen fordert von ihm Leistung. Neben seiner ängstlichen Verkrampfung hat Dieter folglich auch eine massive Lustlosigkeit entwickelt, so dass seine Übungsrückstände im Laufe der Zeit immer größer geworden sind.
Zusammen mit den Eltern wird eine Strategie entwickelt, um die inneren Spannungen des Jungen abzubauen. Dabei legen wir ganz besonderen Wert auf die Faktoren »Umgangston« und »Ablehnung/Anerkennung«, außerdem auf die Selbständigkeitserziehung des Jungen.
Der Verlauf der Fehlerkurve spricht für sich: Schon in der dritten Übungswoche hat Dieter eine durchschnittliche Prozentzahl von etwa 10 erreicht, und nach sechs Wochen bewegt er sich fast durchweg unter der 5%-Marke.
Dabei kann noch ein interessanter Nebeneffekt festgestellt werden: Während Dieters Schriftbild zu Beginn des Lernspiels ungelenk und eckig wirkt, ist seine Handschrift nach einigen Wochen runder, lesbarer, harmonischer, kurzum: weniger verkrampft. Im Laufe der folgenden Monate werden Dieters Rechtschreibleistungen auch in der Schule

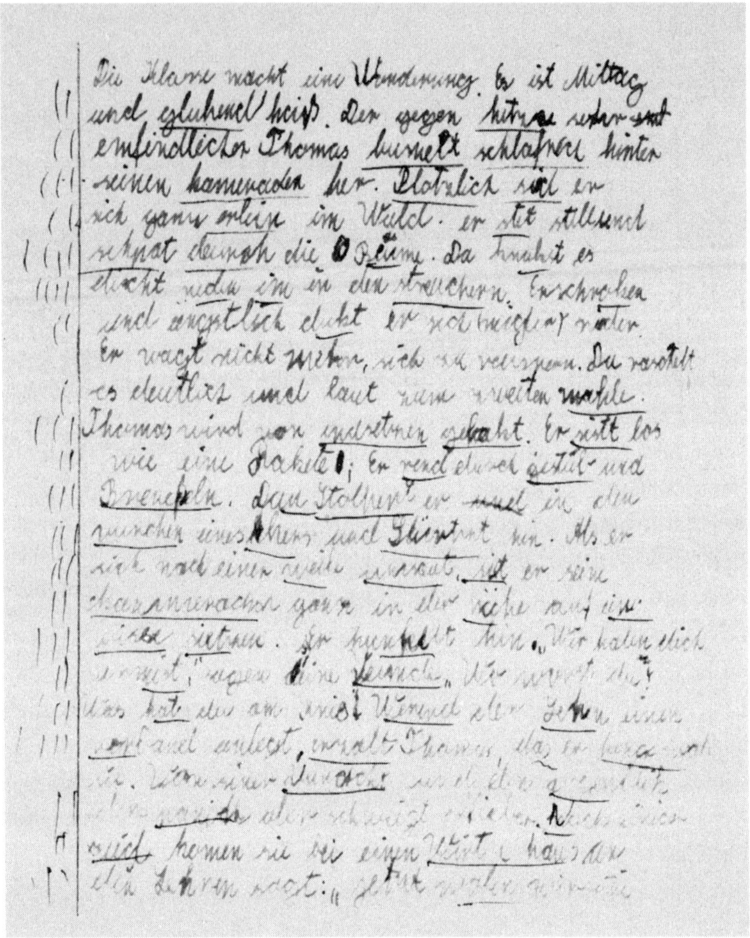

zusehends besser. Seine Fehlerzahl pendelt sich auf etwa 5% ein, obwohl das Rechtschreibspiel von seinen Eltern seit der 10. Woche nur noch sporadisch eingesetzt wurde (»Dann war dies, dann war das ...«). Mit etwas mehr Durchhaltevermögen hätte man sicherlich auch diesen Fehlerrest beseitigen können. Immerhin: Trotz dieser fehlenden Ausdauer erreicht Dieter am Ende des vierten Schuljahres eine Vier und kommt dann zur Realschule.

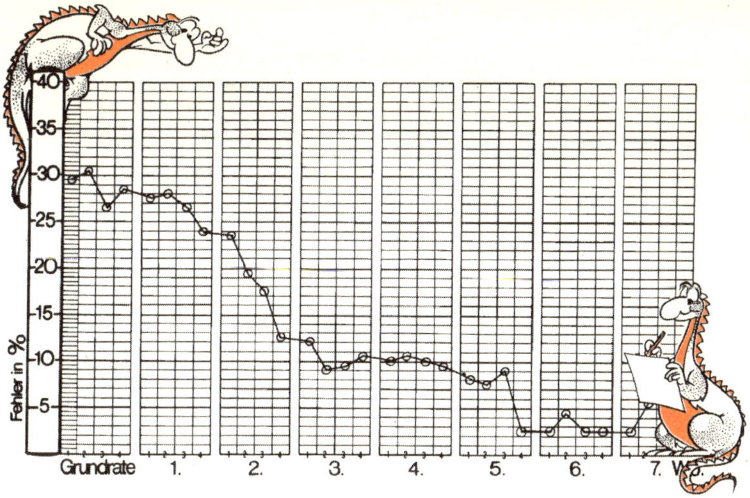

Leider kann nach vier Jahren nicht mehr in Erfahrung gebracht werden, wie sich Dieter weiterentwickelt hat, da seine Familie nicht mehr erreichbar ist.

Klaus

Aufgeschlossen ist er, lebhaft und gelegentlich etwas vorlaut. Klaus geht ins vierte Schuljahr und seine Rechtschreibnote nähert sich allmählich der kritischen Grenze. »Langsam wird's kriminell«, erklärt der Vater seinen Entschluss, zusammen mit Klaus gegen die Fehler zu Felde zu ziehen. Der Junge kann seine Gefühle während der Klassendiktate sehr gut ausdrücken: »Oft weiß ich ja nicht, wie ein Wort geschrieben wird. Aber manchmal, da fällt mir ein Wort einfach nicht ein. Und dabei hab' ich's zu Hause noch gewusst.« Auf die Frage, wo er dann mit seinen Gedanken sei, fasst Klaus das Problem der Flüchtigkeitsfehler in einem Satz zusammen: »Ich denke dann: Hoffentlich gibt's kein Theater, wenn ich wieder so dumme Fehler mache!« Und dabei besteht das »Theater« zu Hause lediglich in einem vorwurfsvollen »Musste das denn wieder sein?« der Mutter und einem »Dann müssen wir eben üben« des Vaters. Also: eine Situation, wie man sie eigentlich als Normalfall bezeichnen könnte.

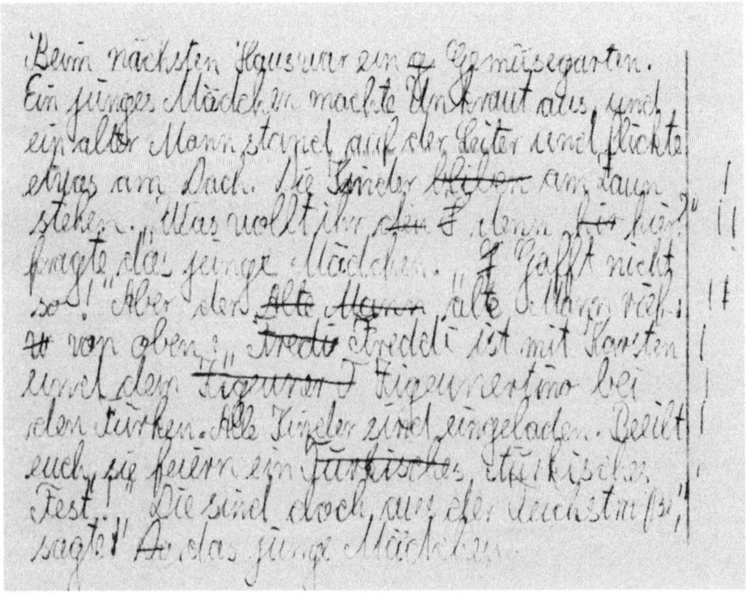
Beim nächsten Haus war ein Gemüsegarten.
Ein junges Mädchen machte Unkraut aus, und
ein alter Mann stand auf der Leiter und flickte
etwas am Dach. Die Kinder am Zaun
stehen. „Was wollt ihr denn hier?"
fragte das junge Mädchen. „Gafft nicht
so!" Aber der alte Mann rief
von oben: „Freddi ist mit Karsten
und dem Zigeunerfino bei
den Türken. Alle Kinder sind eingeladen. Beeilt
euch, sie feiern ein türkisches
Fest!" „Die sind doch auf der Leuchstraße",
sagte das junge Mädchen.

Allerdings ist Klaus keinesfalls so robust, wie es sein Auftreten vermuten lässt. Die psychologische Untersuchung macht nämlich deutlich, dass er in seinem Innersten empfindsam und auch ängstlich ist, was er aber geschickt hinter seiner etwas flapsigen Art und dem lebhaften Verhalten verbirgt.
Beide Eltern zeigen sich im Gespräch außerordentlich einsichtig und beginnen von Stund an, ihr eigenes Verhalten kritisch unter die Lupe zu nehmen und zu verändern. Klaus selbst ist gern bereit, zusammen mit seinem Vater das Rechtschreibspiel in Angriff zu nehmen. Somit besteht in diesem Fall eine sehr gute Basis für das Rechtschreibspiel. Denn sowohl die Eltern als auch das Kind waren offenbar hoch motiviert.

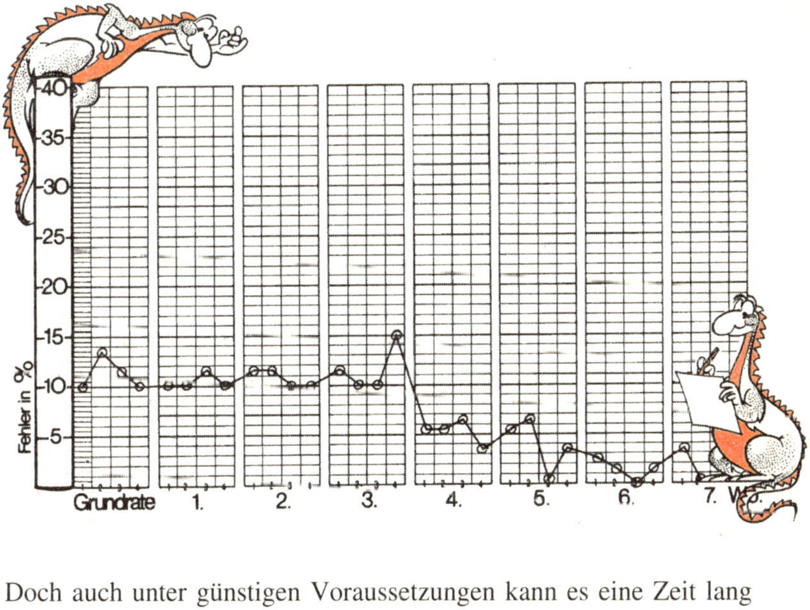

Doch auch unter günstigen Voraussetzungen kann es eine Zeit lang dauern, bis erste Erfolge sichtbar werden. Die Lernkurve in unserem Diagramm zeigt während der ersten drei Übungswochen eine hartnäckige Stabilität. Klaus macht in jedem Übungsdiktat etwa 10% Fehler. Ja, am Ende der dritten Woche steigt seine Prozentzahl sogar auf 15 an.

Ein Grund zur Resignation? Keineswegs. Vater und Sohn machen unverdrossen weiter – und schon mit dem nächsten Diktat schaffen sie den Durchbruch. In der fünften Woche schließlich schreibt Klaus sein erstes fehlerfreies Diktat, und von nun an klettert seine Fehlerzahl – zu Hause wie in den Klassendiktaten – nie wieder über die 5%-Marke. Das Lernspiel wird noch bis zur 15. Übungswoche eisern durchgehalten, um die Rechtschreibleistung des Jungen zu stabilisieren. Ein Musterbeispiel an Konsequenz! Danach werden lediglich von Zeit zu Zeit die Wortkärtchen hervorgeholt, um den Wortschatz etwas aufzufrischen.

Am Ende des laufenden Schuljahres steht Klaus im Rechtschreiben zwischen Zwei und Drei. Und nach vier Jahren kann er sich in der neunten Klasse der Hauptschule immer noch über seine guten Rechtschreibleistungen freuen. Ein dauerhafter Erfolg – als Lohn für die Bereitschaft, einige Wochen lang täglich ein paar Minuten geopfert zu haben.

Axel

Der zehnjährige Axel ist ein »i-Punkt-Muffel«. Und das ist nicht weiter erstaunlich. Denn: Seine Mutter kennt nur zwei Mittel, die sie gegen die Rechtschreibfehler einsetzt: Ohrfeigen und Drill. Die Folge: Anstatt besser werden die Rechtschreibleistungen des Jungen immer schlechter. Insbesondere nehmen jene Fehler zu, über die sich die Mutter am meisten ärgert: i-Punkte, t-Striche, Groß- und Kleinschreibung. Axels Zensuren in den Klassendiktaten schwanken zwischen Vier und Sechs, sein Notendurchschnitt liegt gerade noch »über dem Strich«.

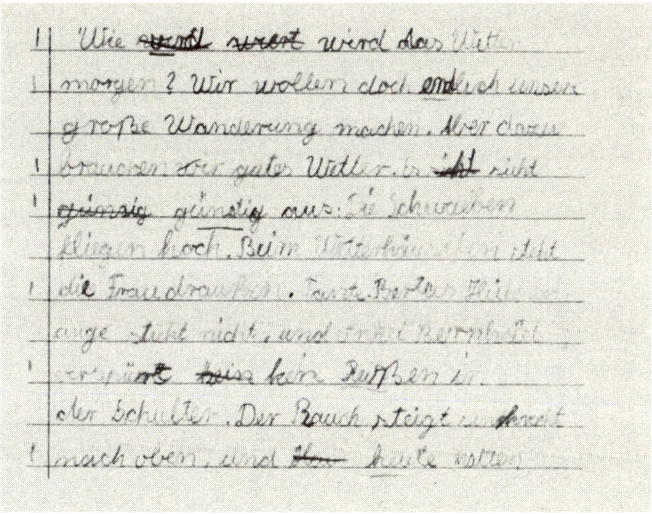

Die psychologische Untersuchung zeigt, dass Axel eine so genannte emotional labile Persönlichkeit ist – offenbar die Folge einer harten, autoritären, wenig einfühlsamen Erziehungshaltung, besonders im Leistungsbereich. Diese Gefühlsschwankungen werden auch in seinem Gesamtverhalten deutlich: Mal weint er, mal tobt er – mal ist er gehemmt, mal aggressiv. Zunächst versuchen wir zusammen mit den Eltern, eine entspannte Basis für unser Lernspiel zu schaffen. Dies gelingt allerdings nur bedingt: Während der Vater aufgeschlossen und einsichtig wirkt (»Ich habe meiner Frau schon so oft gesagt, sie soll sich bei den Diktaten nicht so aufregen.«), missachtet die Mutter immer wieder die Spielregeln: Sie dehnt die Übungszeit aus und honoriert Axels Fehler weiterhin mit Ohrfeigen. Erst als wir gemeinsam die Ursache ihres Verhaltens herausgefunden haben, nämlich eigenes Schulversagen in der Kindheit und die auf Axel übertragene eigene Misserfolgsangst, gelingt es ihr, die Fehler des Jungen gelassener hinzunehmen. Dieses Gespräch findet in der vierten Übungswoche statt. Ein Blick in das Fehlerdiagramm zeigt eine unmittelbare Reaktion des Jungen auf das veränderte Verhalten der Mutter.

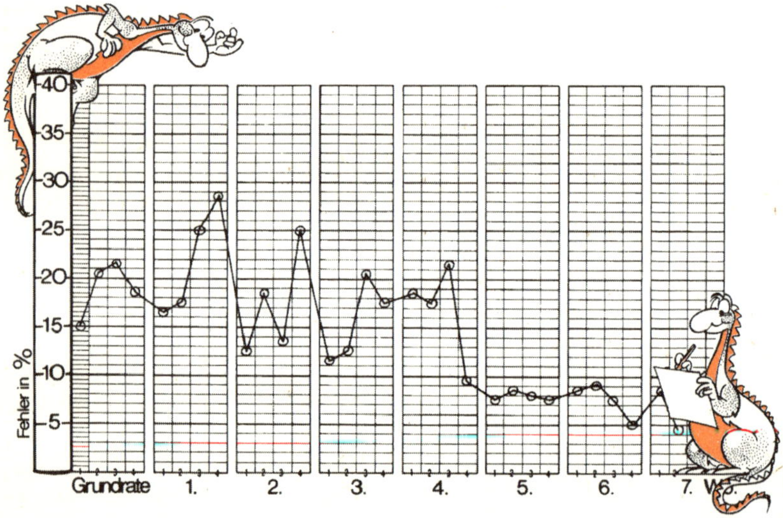

Während sich in den ersten vier Wochen die Mutter-Kind-Konflikte in einem deutlichen Auf und Ab der Fehlerkurve widerspiegeln, setzt in der fünften Woche plötzlich eine auffällige Beruhigung ein. Auch in den Klassendiktaten nimmt Axels Fehlerzahl spürbar ab.
Mutter und Kind führen das Lernspiel noch bis zur 16. Woche fort. Danach begnügt man sich mit gelegentlichen Auffrischungen – und ist am Ende des Schuljahres mit einer Drei in Rechtschreiben zufrieden.
Über Axels weiteres Schulschicksal konnten wir nichts mehr erfahren, da seine Familie umgezogen war.

Helga

Ein zartes, sensibles Mädchen, lieb, brav und angepasst – so lässt sich Helgas Persönlichkeit umschreiben. Wie ein Seismograph reagiert sie auf jede »Erschütterung« in ihrer Umgebung – und genauso registriert sie jedes harte oder auch nur kritische Wort. Und davon hört sie jeden Tag mehr als genug: Ihre Mutter bezeichnet sich selbst als hektisch und ungeduldig. Es fällt ihr sehr schwer, »diese dummen Fehler« ihrer Tochter zu akzeptieren. Helga besucht die dritte Klasse in derselben Schule wie Dieter. Ihre Rechtschreibnote: eine glatte Fünf. Ein Blick auf eines ihrer Übungsdiktate zeigt, dass ihr Rechtschreibproblem gar nicht so gravierend ist. Allerdings macht sie in den Klassendiktaten weitaus mehr Fehler, was – wie wir ja wissen – für misserfolgsängstliche Kinder ganz typisch ist.

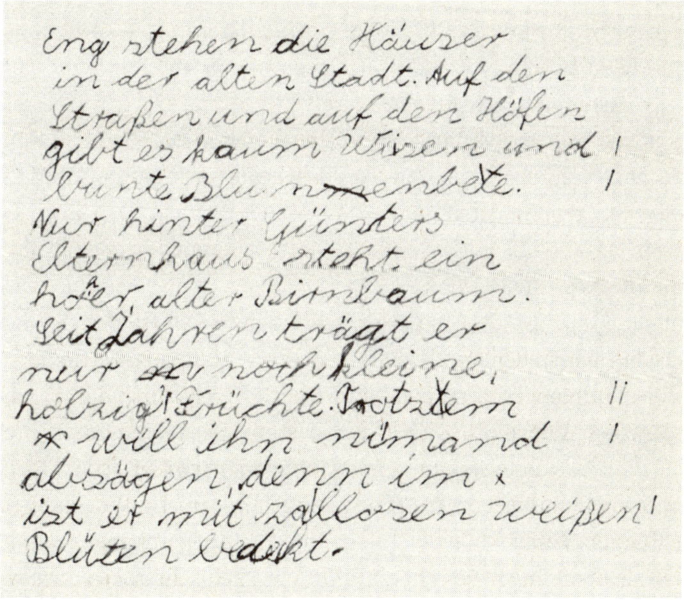

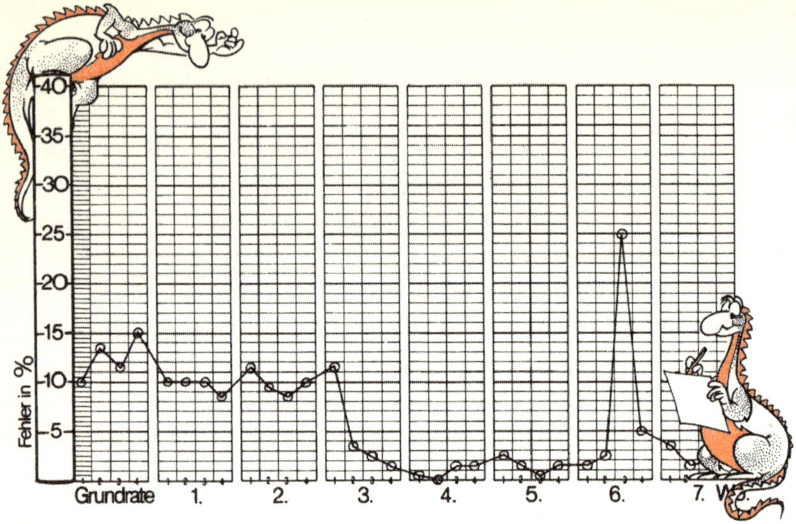

Ebenso wie Dieter erreicht Helga im Intelligenztest weit überdurchschnittliche Ergebnisse und bringt auch in den übrigen Schulfächern zufriedenstellende Leistungen.
Gespräche mit der Mutter (der Vater ist aus geschäftlichen Gründen nicht abkömmlich) legen den Verdacht nahe, dass sie ihre fordernde, hektische Erziehungshaltung auf die Dauer kaum ändern wird. Denn obwohl anfänglich guten Willens, fällt sie immer wieder in ihr gewohntes Verhalten zurück.
Trotzdem macht Helga in der dritten Übungswoche einen deutlichen Fortschritt: Ihre Fehlerzahl sinkt unter 5%, was einer befriedigenden Rechtschreibleistung entsprechen würde. Offensichtlich konnte durch das Rechtschreibspiel ein Teil ihrer Wissenslücken behoben, vielleicht auch ihre Aufmerksamkeit beim Schreiben erhöht werden. Dennoch liegt ihr Fehlerniveau in den Klassenarbeiten weiterhin im mangelhaften Bereich. Immer noch steht sie unter Prüfungsstress, immer noch leidet sie unter den nicht sehr einfühlsamen Reaktionen ihrer Mutter.
Wie sehr Helgas Rechtschreibleistung von den äußeren Umständen abhängt, zeigt das dritte Diktat in der sechsten Übungswoche. Wie

kommt dieser rapide Fehleranstieg zustande? An diesem Tag übt Helga ausnahmsweise mit ihrer älteren Schwester, mit der sie seit längerer Zeit auf Kriegsfuß steht. Ein fehlerdurchsetztes Diktat als eindeutiger Hinweis auf einen zwischenmenschlichen Konflikt!

Trotz der gespannten und relativ turbulenten Familienatmosphäre gelingt es Helga, ihre Rechtschreibnote noch im dritten Schuljahr auf eine Vier zu verbessern. Das Rechtschreibspiel wird im Ganzen etwa drei Monate durchgehalten. »Dann fehlen einem einfach die Nerven – und die Kinder verlieren ja auch die Lust. Außerdem macht Helga ja zu Hause kaum noch Fehler. Nur in der Schule diese schrecklichen Flüchtigkeitsfehler! Ich verstehe das einfach nicht ...« – das ist der Kommentar einer Mutter, der in langen Gesprächen der Zusammenhang zwischen ihrem eigenen Verhalten und der Misserfolgsangst ihrer Tochter erklärt wurde.

Kein Wunder, dass Helgas Rechtschreibleistung nach vier Jahren (sie ging bei der Nachuntersuchung in die 8. Klasse der Hauptschule) immer noch fast ausschließlich durch Flüchtigkeitsfehler entwertet wird. Immerhin hat sie sich auf einer ausreichenden Note eingependelt. Wir sehen also, dass ein Rechtschreibproblem über Jahre hinweg aufrechterhalten werden kann, wenn es den Eltern nicht gelingt, das psychologische Umfeld (hier: hektische, fordernde Reaktionen der Mutter) zu verändern.

Sabine

Sabines Rechtschreibleistung wird von ihrer Mutter mit einem einzigen Wort umschrieben: »Katastrophal!« Und dieses Wort wird so impulsiv, so gestenreich vorgebracht, dass man selbst als Unbeteiligter die Katastrophe geradezu am eigenen Leibe spürt. Sabines Mutter macht einen aktiven, lebhaften, unruhigen Eindruck – und so fällt es nicht schwer, ihre Worte nachzuvollziehen: »Wissen Sie, Sabine war schon immer ein nervöses Kind. Sie war seit jeher unruhig und ablenkbar.« Und in der Tat hat die neunjährige Sabine ein weniger ängstliches als fahrig-verspieltes Naturell.

Diese Ablenkbarkeit (Konzentrationsstörung I) wirkt sich nicht nur auf ihre Rechtschreibleistung aus. Auch im Rechnen hat sie ihre Probleme und in den so genannten Nebenfächern fällt sie ebenfalls durch ihre Unruhe auf. Dennoch finden wir in ihren Klassendiktaten hauptsächlich Wissenslücken – offenbar ein Zeichen dafür, dass Sabine zu wenig Anstrengungsbereitschaft mitbringt, um sich die Schreibweise der Wörter einzuprägen.

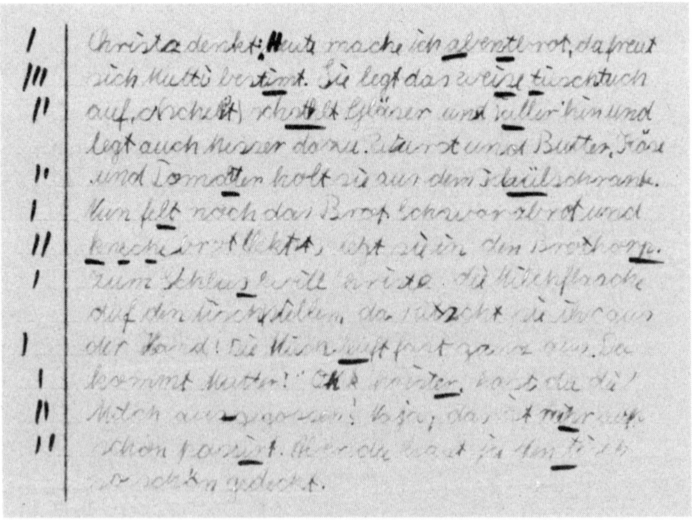
Christa denkt: Heute mache ich abentbrot, da freut
sich Mutti bestimt. Sie legt das weise tischtuch
auf, [illegible] stellt Gläser und teller hin und
legt auch Messer dazu. Wurst und Butter, Käse
und Tomatten holt sie aus dem Kläulschrank.
Nun felt noch das Brot. Schwarzbrot und
knäckebrot [illegible], legt sie in den Brotkorp.
Zum Schlus will Christa die Milchflasche
auf den tisch stellen, da rutscht sie ihr aus
der Hand! Die Milch lauft fast ganz aus. Da
kommt Mutter! "Christa, hast du die
Milch ausgegossen? [illegible], das ist mir auch
schon passirt." [illegible] den Tisch
[illegible] gedeckt.

Die psychologische Untersuchung zeigt, dass Sabines Intelligenz zwar gut durchschnittlich ausgeprägt ist. Aber ihr Hang zur Lebhaftigkeit und Unruhe verhindert offenbar, dass ihre geistigen Möglichkeiten in konkrete Leistung umgemünzt werden. Obwohl es sich als unmöglich erweist, die nervöse Unruhe ihrer Mutter in den Griff zu bekommen (»Ich bin nun mal so ...«), beginnen wir mit dem Lernspiel.

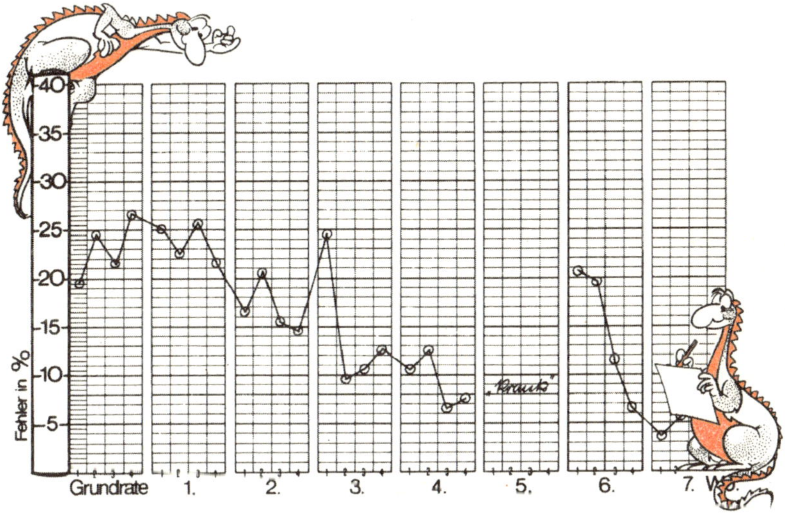

Trotz der ungünstigen Umstände finden wir in der dritten und vierten Übungswoche eine sichtbare Verringerung der Fehlerzahl. Nach ihrer Krankheit in der fünften Woche beginnt Sabine wieder auf demselben Fehlerniveau wie ganz zu Anfang. Nur: Das Absinken der Kurve erfolgt diesmal viel schneller.

In der siebten Übungswoche liegen alle Diktate etwa im 5%-Fehlerbereich. Damit geben sich Mutter und Kind zufrieden und man legt das lästige Lernspiel flugs ad acta.

Dennoch kann Sabine ihre Fehlerzahl bis zum Ende des dritten Schuljahres bei etwa 4 bis 7% stabil halten, was – immerhin, muss man sagen! – mit einer Vier belohnt wird. Aus unerfindlichen Gründen muss Sabine im 4. Schuljahr an einem Förderunterricht teilnehmen.

Einmal pro Woche werden in der Schule eine Stunde lang Rechtschreibregeln gepaukt, die Sabine eigentlich schon lange beherrscht. Ihre Lustlosigkeit nimmt zu, und das Rechtschreibspiel wird deshalb abgesetzt.
Und so hatte sich nach vier Jahren an Sabines Situation nichts geändert. Ihre Rechtschreibnote im 7. Schuljahr: mangelhaft. Ihre Mutter hatte dafür eine schlichte (und gewiss richtige) Erklärung parat: »Wir sind wohl nicht konsequent genug gewesen ...«

Jörg

Er zeigt eine gewisse Ähnlichkeit mit Sabine: die Unruhe, die Ablenkbarkeit, die Impulsivität. Doch es ist keine bestimmte Person, die Jörg geprägt hat, sondern es sind die Umstände: ein Geschäftshaushalt mit viel Turbulenz, mit Aufregung, Hektik und wechselnden Bezugspersonen.

Das ist für einen neunjährigen Jungen alles andere als erbaulich. Und weil zu Hause der größte Teil der Zuwendung der Kundschaft zuteil wird, holt sich Jörg den Applaus auf seine Weise: Er spielt die Rolle des Kaspers und versucht, sich durch Clownerien ständig in den Mittelpunkt zu stellen. Da geht eine Menge an Energie verloren, die Jörg eigentlich für seine Schulleistungen benötigte. Trotzdem hält er sich in der Schule halbwegs über Wasser: im Rechtschreiben eine knappe, in den übrigen Fächern eine solide Vier.

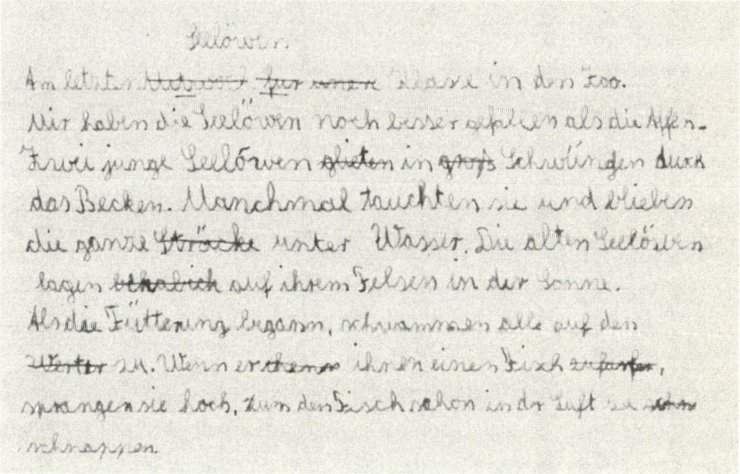
Seelöwen.
Am letzten ~~[illegible]~~ ~~für~~ ~~[illegible]~~ Reise in den Zoo.
Wir haben die Seelöwen noch besser gefallen als die Affen.
Zwei junge Seelöwen ~~glitten~~ in ~~groß~~ Schwüngen durch
das Becken. Manchmal tauchten sie und blieben
die ganze ~~Strecke~~ unter Wasser. Die alten Seelöwen
lagen ~~[illegible]~~ auf ihrem Felsen in der Sonne.
Als die Fütterung begann, schwammen alle auf den
~~Wärter~~ zu. Wenn er ~~[illegible]~~ ihnen einen Fisch ~~[illegible]~~,
sprangen sie hoch, um den Fisch schon in der Luft zu ~~[illegible]~~
schnappen.

Die Eltern des Jungen begreifen zwar den Zusammenhang zwischen der familiären Hektik und Jörgs Leistungsproblemen, sehen aber keine Möglichkeit, den Zustand zu ändern. Trotzdem versuchen wir, unser

Lernspiel durchzuführen, das von Jörg zunächst mit Begeisterung aufgenommen wird. Doch alsbald ist der Reiz des Neuen dahin. Schon in der zweiten Übungswoche haben die Eltern keine Zeit für das Spiel, dann ist Jörg (angeblich) krank und anschließend hat man wieder keine Zeit.

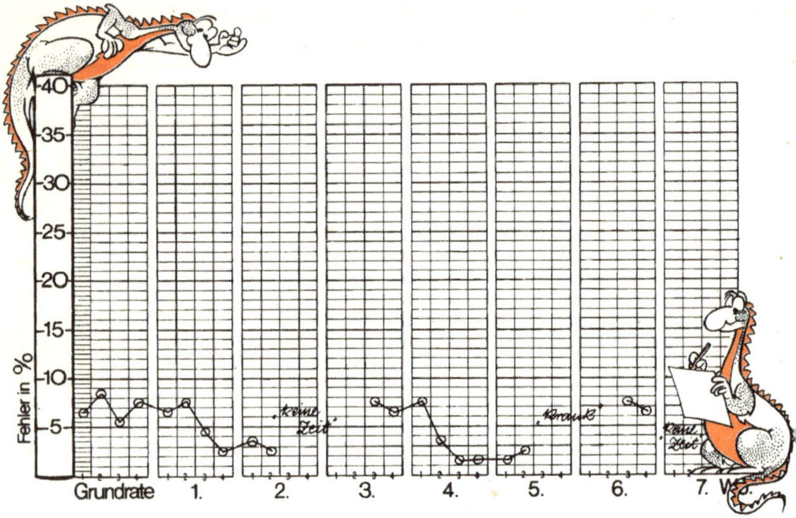

Obwohl sich in der zweiten und vierten Übungswoche gewisse Lernfortschritte andeuten, die sich gewiss stabilisiert hätten, wenn man nur konsequent gewesen wäre, steht Jörg nach der siebten Übungswoche genau dort, wo er angefangen hat. Und da zu diesem Zeitpunkt das Lernspiel bereits abgebrochen wird (»Wir haben einfach keine Zeit!«), kommt Jörg am Ende des Schuljahres wiederum mit einer knappen Vier ans Ziel.
Auch nach vier Jahren hat sich nichts verändert: Jörg geht ins 8. Schuljahr und macht weiterhin »seine« Fehler, die ihn aber kaum noch stören. Hätte er sich in den vorausgegangenen vier Jahren mit Hilfe unseres Kärtchen-Systems nur fünf Wörter pro Woche eingeprägt, so würde er heute etwa 1000 Wörter mehr beherrschen. Keine Frage, dass Jörg heute ein guter Rechtschreiber wäre.

Matthias

Du lernst das Rechtschreiben sowieso nie – du bist einfach zu blöd dazu! Der Vorwurf einer erbosten Mutter? Weit gefehlt! Dieses vernichtende Urteil musste sich Matthias häufiger von seinem Lehrer anhören, als er noch im zweiten Schuljahr war. Der Junge hatte offenbar Schwierigkeiten mit der Lehrmethode – und auch mit seinem Lehrer, der die guten Schüler förderte und die schlechten links liegen ließ. Seine Mutter wusste sich anfangs nicht anders zu helfen, als mit ihrem »Problemkind« fast täglich Diktate zu drillen – das war ihr ja vom Lehrer empfohlen worden. Doch dieser Tipp erwies sich als völlig unwirksam, denn die Diktate wurden immer schlechter. Hatte sich also die düstere Prophezeiung seines Lehrers bereits erfüllt? Sehen wir weiter. Auf jeden Fall war zu diesem Zeitpunkt die Motivation des Kindes auf dem Nullpunkt angelangt. Kein Wunder, dass der Förderunterricht (drei Stunden pro Woche) keinen Erfolg brachte, zumal dieser Sonderunterricht, so wie er von der Mutter beschrieben wurde, jeden »Hauch« von Systematik entbehrte. So änderte sich bis zum Ende des vierten Schuljahres an der Rechtschreibleistung des Kindes überhaupt nichts.

Dies ist die Ausgangssituation zu Beginn des Lernspiels. Matthias wird psychologisch untersucht und es zeigt sich eine gute Intelligenz. Als Mutter und Kind das Untersuchungsergebnis hören, wollen sie diese erfreuliche Information zunächst gar nicht wahrhaben: »Aber der Lehrer hat doch gesagt, dass Matthias dumm ist ...«

Es gelingt uns, Matthias und seiner Mutter wieder Mut zu machen. Auch der Vater schöpft neue Hoffnung und unterstützt seine Frau bei der Durchführung des Rechtschreibspiels. Begünstigend kommt noch hinzu, dass Matthias im fünften Schuljahr eine verständnisvolle Lehrerin bekommt, die ihn in seinem neu gewonnenen Selbstvertrauen unterstützt.

Der Verlauf der Lernkurve beflügelt alle Beteiligten, mit dem Lernspiel konsequent fortzufahren.

Übunsdiecktat 2

Andreas ~~fh~~ fährt Täglich mit dem Omnibus zur Schule. II
Als er heute morgen aus dem Haus kommt,
reknet es. Die Autos fahren vorsichtig. Ein Fahrer
aber, der nach lings abbigen will, fährt zu II
schnell. Als er Bremst, gerät er ins Schleudern. I
~~Di~~ Dabei wirft er einen Motorfahrer auf die
Fahrbahn. Einige Psanten laufen neugirig
herbei. Sie drängeln sich, um alls genau I
zu sehen. Denn verletzten hilft jedoch nimant. IIII
Andreas, der alles beobachte hat, rennt zur I
nästen Telefonzelle, obfert sein Busgelt und IIII
rufft die retunswache. Inzwischen hat sich II
eine lange rehe Autos angestaut. Aber kurz II
darauf kommt das Krankenauto. Als Andreas
siht, das der ~~verle~~ verlezte abtranzportiert IIII
wiedrt, geht beruhigt davon. Ein Polisist III
sorkt dafür, das der ferkehr weiter fliesen kann. IIIII
Andreas kommt eine halbe Stunde zuschbet I
in die ~~sch~~ Schule. Er berichtet dem Lehrer von
dem Unglück und entschuldigt sich: „Ich muste I
mir zuhause neues Fahrgelt holen. Deshalb I
habe ich den Bus verpast!" Der Lehrer sagt: „Das I
hast du ~~gro~~ gut gemacht. Für dein handel II
hast du ein lob verdint." Die Mitschüler II
klatschen Beifall und Andreas freut sich
darüber. „Seht ihr" sagt der Lehrer, „anderen
zu helfen, ist wichtiger als pünktlich zur Schule zu kommen." II

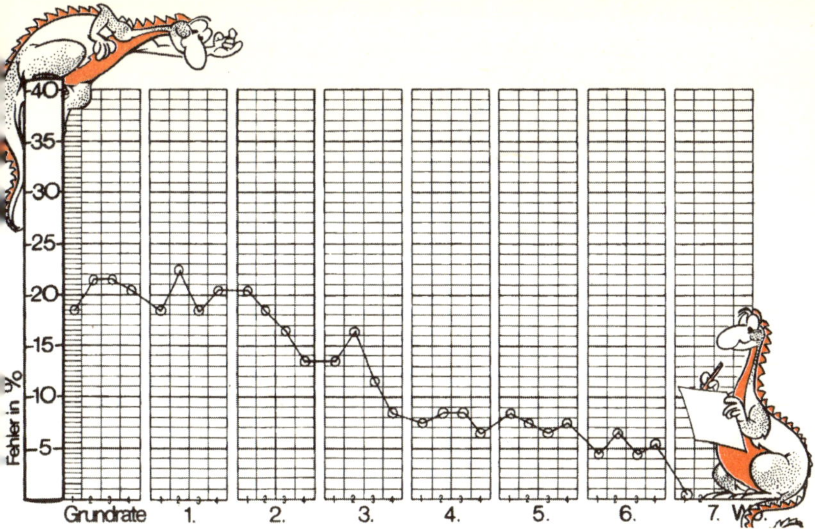

Es ist wirklich unglaublich, dass ein Kind, das jahrelang etwa 20% Fehler produzierte, schon nach drei Übungswochen weniger als 10% Fehler macht und nach der sechsten Woche ein überdauerndes Fehlerniveau von 0 – 5% erreicht. Das Lernspiel wird etwa vier Monate lang durchgeführt, bis sich die Fehlerkurve völlig stabilisiert hat. Am Ende des fünften Schuljahres liegt die Rechtschreibleistung des Jungen im befriedigenden Bereich.

Und noch etwas muss erwähnt werden: Matthias war bis zum Beginn des Lernspiels ein ausgesprochen schlechter Leser. Obwohl das Lesen in unseren Übungen ja völlig ausgeklammert wird, kann Matthias nach einiger Zeit fließend lesen. Seine Mutter beobachtet, dass sein Interesse an der Schriftsprache von Woche zu Woche größer wird. »Zur Zeit liest er mir mit Begeisterung aus der Zeitung vor.«

Dieses Beispiel zeigt einmal mehr, dass unser Lernspiel nicht allein als reines Gedächtnistraining aufzufassen ist. Auch die *Motivation* von Eltern und Kind kann durch die neu geweckte *Hoffnung auf Erfolg* enorm gesteigert werden. Und damit wächst auch die Bereitschaft des Kindes, sich ganz bewusst auf die Schreibweise der Wörter zu konzentrieren, also aufmerksamer zu werden. Durch seine Erfolgserlebnisse öffnet sich das Kind offenbar plötzlich für all jene Sinneseindrücke, die möglicherweise schon jahrelang bloß schemenhaft an seinem Bewusstsein vorbeigezogen sind. Nur so lässt es sich letztlich erklären, dass viele Kinder mit Hilfe des Rechtschreibspiels in wenigen Wochen eine Leistungssteigerung erfahren, die zuvor nicht einmal durch monate- und jahrelange Bemühung erreicht werden konnte.

Martin

Er war schon immer ein »unruhiger Geist«, sehr nervös und in seinem Bewegungsdrang kaum zu bremsen. Martin ist zehn Jahre alt, geht ins vierte Schuljahr und bringt alles in allem durchschnittliche Schulleistungen. Seine Rechtschreibnote liegt weit »unter dem Strich« (ungenügend), aber von der Schule wird kein Förderunterricht angeboten. Die psychologische Untersuchung zeigt, dass der Junge überdurchschnittlich intelligent ist, allerdings gewisse Schwierigkeiten hat, geometrische Figuren und zeichnerische Formen und Linien zu erfassen und im Gedächtnis zu behalten. Da bei ihm überdies eine Überaktivität erkennbar und eine hirnorganische Störung nicht auszuschließen ist, wird eine neurologische Untersuchung angeregt. Es ergibt sich aber kein organischer Befund, so dass die Auffälligkeiten des Jungen ärztlicherseits mit der Diagnose »labiles Vegetativum« umschrieben werden.
Während sich Martins Vater aus der Kindererziehung weitgehend heraushält, reagiert seine Mutter meist sehr gereizt auf das anstrengende Verhalten des Kindes: Seit jeher versucht sie, sich mit Schimpfen und Strafen durchzusetzen – was zu einem ständigen »Kleinkrieg« zwischen den beiden geführt hat. Es lässt sich also nicht mit Sicherheit sagen, ob Martins unruhiges Temperament die gereizten Reaktionen seiner Mutter provoziert oder ob erst die Erziehungshaltung der Mutter den Jungen in Bewegung gebracht, in Unruhe versetzt hat. Wie auch immer – durch diesen Teufelskreis wurde Martin in eine Oppositionshaltung gedrängt, die sich offensichtlich auch in seiner Rechtschreibung widerspiegelt. Seine Mutter zeigt sich sehr einsichtig und ist bereit, auch ihr eigenes Verhalten zu ändern. Martin stimmt einem »Waffenstillstand« mit seiner Mutter zu und beginnt das Lernspiel – zunächst mit schwankendem Elan. Doch schon in der dritten Übungswoche finden wir den ersten Abwärtstrend in der Fehlerkurve. In der fünften und sechsten Woche macht er teilweise sogar weniger als 5% Fehler. Wie sehr die Rechtschreibleistung des Jungen durch Konflikte mit seiner Mutter beeinträchtigt werden kann, sehen wir im ersten Dik-

tat der siebten Übungswoche. Der plötzliche, scheinbar unerklärliche Gipfel in der Fehlerkurve findet eine ganz schlichte Begründung: »Meine Mutter hat die Zeit überzogen, deshalb diese vielen Fehler.« Und in der Tat stand dieses Diktat unter einem ungünstigen Stern. Weil Martin seine Mutter schon den ganzen Tag lang geärgert hatte, wurde von ihr das Übungsdiktat zu einer Strafe umfunktioniert: »Weil du so frech bist, üben wir heute zehn Minuten länger!«

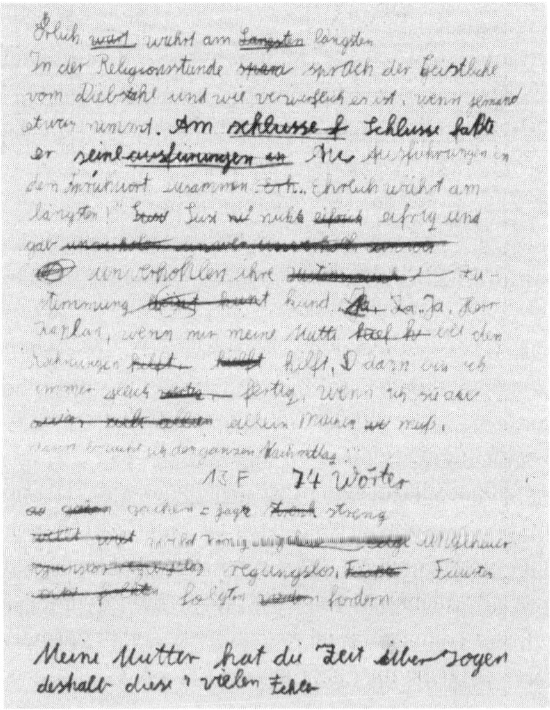
Erlich währt am längsten
In der Religionsstunde sprach der Geistliche
vom Diebstahl und wie verwerflich es ist, wenn jemand
etwas nimmt. Am Schlusse faßte
er seine Ausführungen in
dem Sprichwort zusammen: „Ehrlich währt am
längsten!" Susi rief nicht eifrig und
gar
um erhollen ihre zu-
stimmung kund. Ja, Ja, Herr
Kaplan, wenn mir meine Mutti bei den
Rechnungen hilft, dann bin ich
immer gleich fertig. Wenn ich sie aber
allein machen muß,
dann brauch ich den ganzen Nachmittag!
13 F 74 Wörter
streng
regungslos. Fenster
folgten fordern
Meine Mutter hat di Zeit über zogen
deshalb diese vielen Fehler

In den folgenden Wochen gibt es immer wieder kleine Rückschläge, doch die Beziehung zwischen Mutter und Kind entspannt sich mehr und mehr, die Fehlerkurve stabilisiert sich im 5%-Bereich. Vier Monate lang wird das Rechtschreibspiel konsequent fortgeführt, dann einigt man sich für den Rest des Schuljahres auf zwei Übungssitzungen pro Woche. Und die Mühe wird schließlich belohnt: Am Ende des vierten Schuljahres bekommt Martin im Rechtschreiben eine Vier.

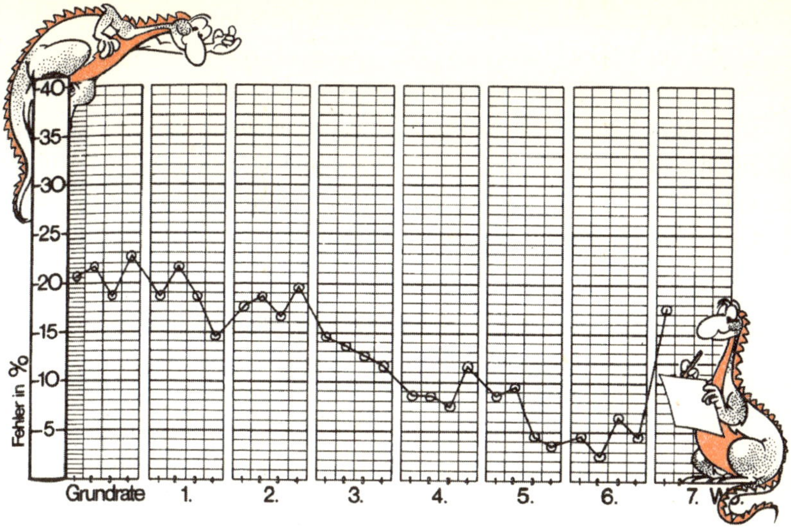

Zu Beginn des 5. Schuljahres wird das Lernspiel vier Wochen lang wieder intensiver betrieben, bis Martin die ersten befriedigenden Diktate mit nach Hause bringt. Jetzt holt man die Wortkärtchen nur ab und zu hervor. Um möglichen Schwierigkeiten im Englischunterricht vorzubeugen, werden die Wortkärtchen auch zum Einprägen der englischen Vokabeln eingesetzt.

Vier Jahre später: Martin geht in die achte Klasse der Hauptschule. Seine Rechtschreibleistungen sind befriedigend. Und obwohl er immer noch ein lebhafter Junge ist, haben sich seine hektische Unruhe, seine Nervosität und Ablenkbarkeit völlig gelegt. Seine Mutter fasst ihre Erfahrungen der vergangenen Jahre in einer knappen Formel zusammen: »Ich glaube, ich habe im Laufe der Zeit etwas gelernt: Man muss die Kinder von klein auf anerkennen und loben. Jetzt, bei dem Jüngsten, mache ich das. Und ich sehe: Mit ihm habe ich überhaupt keine Probleme mehr. Ich selbst bin auch viel ruhiger geworden.«

Nicole

Sie steht unter massivem Leistungsdruck. Aber da sie eine robuste Natur ist, aufgeschlossen und quicklebendig, wird sie mit den hohen Erwartungen ihrer Mutter recht gut fertig. Nicole flüchtet in die Aktivität: Sie schreibt mit einer erstaunlichen Geschwindigkeit, um möglichst schnell die für sie lästigen Diktate hinter sich zu bringen. Dabei muss natürlich auch ihre Aufnahmebereitschaft oberflächlich bleiben, so dass man in ihren Diktaten sowohl Wissenslücken als auch Flüchtigkeitsfehler findet.

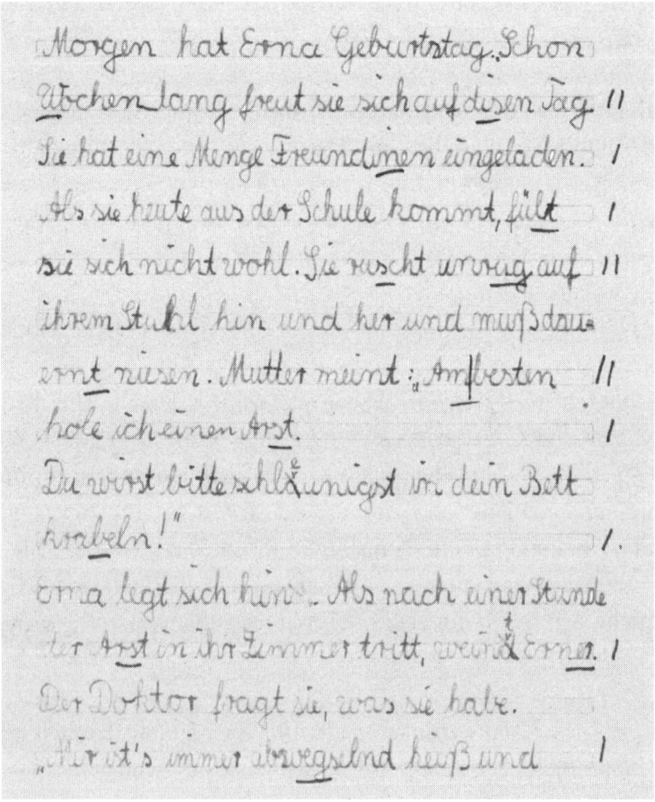

Morgen hat Erna Geburtstag. Schon
Wochen lang freut sie sich auf disen Tag. //
Sie hat eine Menge Freundinen eingeladen. /
Als sie heute aus der Schule kommt, fült /
sie sich nicht wohl. Sie ruscht unruig auf //
ihrem Stuhl hin und her und muß dau-
ernt niesen. Mutter meint: „Amf besten //
hole ich einen Arst. /
Du wirst bitte schleunigst in dein Bett
krabeln!" /.
Erna legt sich hin. Als nach einer Stunde
der Arst in ihr Zimmer tritt, weint Ernen. /
Der Doktor fragt sie, was sie habe.
„Mir ist's immer abwegselnd heiß und /

Die Mutter (der Vater hält sich in Schulangelegenheiten vornehm zurück) ist über die Fehler besonders deshalb erbost, weil Nicole nach diesem Schuljahr zum Gymnasium überwechseln soll. Da das Kind hochintelligent ist und ihre übrigen Schulleistungen durchweg gut sind, wäre gegen diesen Schritt auch gar nichts einzuwenden – wenn das Rechtschreibproblem nicht wäre.
Glücklicherweise zeigt sich Nicoles Mutter sehr einsichtig. Sie freut sich über die Bestätigung, dass ihr Kind für das Gymnasium geeignet ist, und erklärt sich bereit, ihre Forderungen und Vorwürfe lieber für sich zu behalten. Diese Selbstkontrolle wirkt sich auch auf Nicoles Rechtschreibverhalten aus: Wir sehen ein gleichmäßiges Absinken ihrer Fehlerkurve. Nach der krankheitsbedingten Pause in der vierten Übungswoche gibt es in ihrem Fehlerverlauf nochmals einen kleinen Gipfel, doch schon ab der sechsten Woche macht Nicole durchweg nur noch einen, zwei oder höchstens drei Fehler pro Diktat.

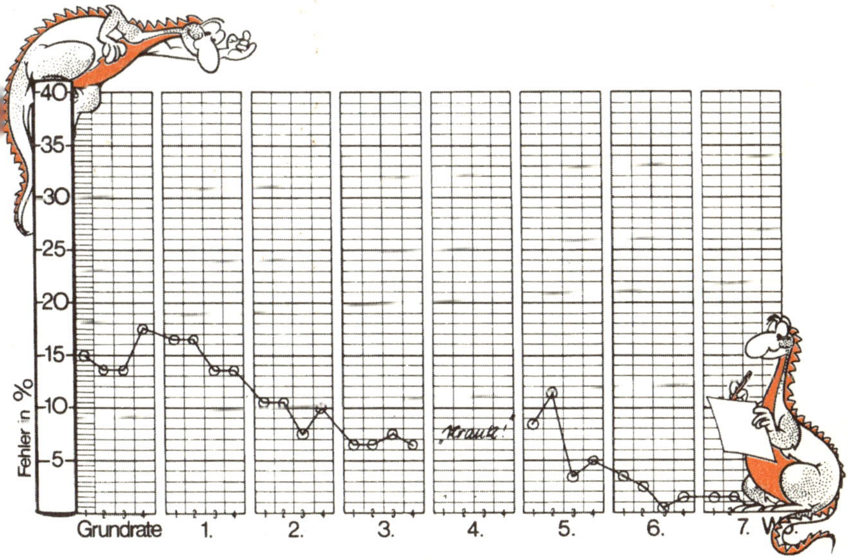

Während dieser Zeit werden auch ihre Klassendiktate deutlich besser. Anstatt ihrer üblichen knappen Vier bringt sie nur noch gute bis befriedigende Arbeiten mit nach Hause.

Nach vier Jahren hat sich an Nicoles guten Rechtschreibleistungen nichts geändert. Sie besucht – wie geplant – das Gymnasium und nach wie vor macht sie auch bei längeren Texten kaum mehr als drei Fehler – dank ihrer hohen Intelligenz und ihrer robusten seelischen Konstitution, muss man wohl sagen. Denn ihre Mutter scheint wieder in das alte Leistungsdenken zurückgefallen zu sein: »Stellen Sie sich vor, da schreibt die Nicole doch tatsächlich ›Fabrik‹ mit ›g‹ am Ende. Da war ich ganz erschüttert!« Wie gut, dass Nicole bislang noch keine Vier geschrieben hatte. Das wäre möglicherweise eine Katastrophe gewesen.

Unser Kind

Vielleicht zeigt das Verhalten Ihres Kindes gewisse Parallelen zu Dieter, zu Helga oder zu Klaus. Vielleicht ist Ihr Kind auch eher ein Typ wie Axel oder Sabine. Oder gibt es gewisse Ähnlichkeiten mit Jörg, Nicole, Martin oder Matthias?

Wo auch immer die Schwierigkeiten Ihres Kindes liegen mögen – Sie sollten es auf einen Versuch ankommen lassen. Wie unsere Beispiele zeigen, bestehen auch für Ihr Kind sehr gute Chancen, seine Fehler Schritt für Schritt abzubauen. Nicht zuletzt liegt es an Ihrem Durchhaltevermögen, ob unser letztes Beispiel einen erfreulichen Ausgang nimmt.

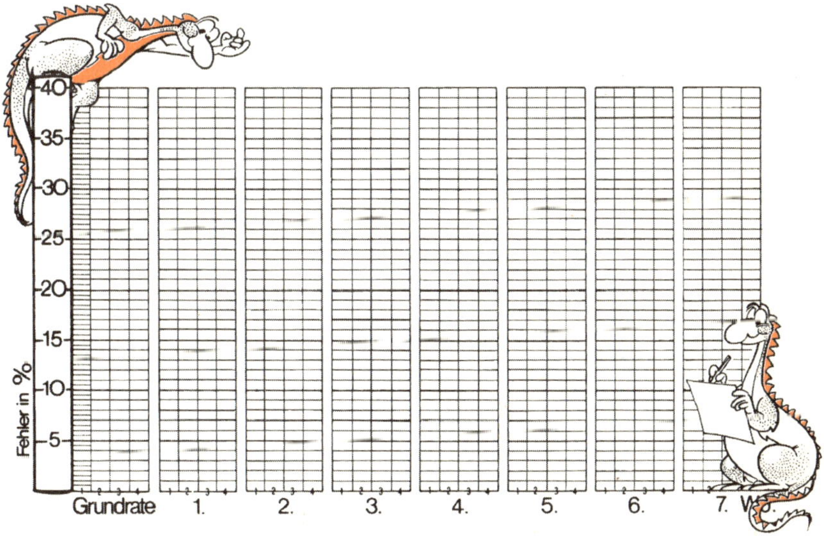

Diagramm für die Fehlerrate Ihres Kindes

Systematisch üben – mit einem Grundwortschatz

Seit Jahren denken auch die führenden Rechtschreibdidaktiker und Lehrplanstrategen über die verschiedenen Gründe für die Rechtschreibfehler der Schülerinnen und Schüler nach. Sie wissen sehr wohl, dass sich mangelnde Rechtschreibleistungen folgenschwer auf künftige Chancen im Berufsleben, auf das persönliche Ansehen und das psychische Wohlbefinden des Einzelnen auswirken können. Daraus folgt, dass die Schule die Kinder in die Lage versetzen sollte, richtig schreiben zu können. Doch wie lässt sich dieses Ziel am besten erreichen?

Wenn man sich dabei an der »Rechtschreib-Bibel«, dem Duden, orientieren wollte, müsste man von vornherein resignieren – werden hier doch mehr als 200 000 Wörter angeboten. Es leuchtet jedem ein, dass ein derartiges Unterfangen mit Sicherheit zum Scheitern verurteilt wäre.

Aus diesem Grund erhebt sich seit Ende der sechziger Jahre immer stärker die Forderung nach einer sinnvollen Auswahl der rechtschriftlich zu lernenden Wörter – zumal sprachstatistische Untersuchungen gezeigt haben, dass man mit den 1000 Wörtern, die am häufigsten vorkommen, etwa 80% der Texte bestreiten kann, die das Alltagsleben von uns fordert. Würde man also den Schülerinnen und Schülern eine derartige Auswahl vermitteln, wäre sicherlich ein guter Grundstock gelegt, um die Schreibsituation des täglichen Lebens erfolgreich bewältigen zu können. Aber nicht nur das! Scheinbar unendlich ferne Ziele wären somit erreichbar: Die Lernaufgaben würden überschaubar, das Übungsmaterial eingegrenzt und zielgerichteter.

Diese methodischen Überlegungen, die unserem Rechtschreibspiel übrigens schon vor mehr als fünfzehn Jahren zugrunde lagen, haben mittlerweile auch in den Lehrplänen aller Bundesländer Einzug gehalten: Der Rechtschreibunterricht wird nunmehr auf dem so genannten Grundwortschatz (GWS) aufgebaut.

Das Märchen von der Verarmung der Sprache

Etwa zur gleichen Zeit, als sich die Didaktiker endlich zu dieser Einsicht durchgerungen hatten, traten die Verteidiger und Bewahrer der deutschen Muttersprache auf den Plan und wetterten – vor allem in den Medien – gegen diese Verarmung der Sprache: »Kinder im Geburtsland Goethes und Schillers sollen nur noch die gebräuchlichsten 1000 Wörter lernen? Da bleiben doch sämtliche sprachlichen Fähigkeiten auf der Strecke!« Dabei haben die Kritiker aber eine ganz entscheidende Tatsache übersehen: Die Schülerinnen und Schüler lernen zunächst Schritt für Schritt das richtige *Schreiben* von etwa 1000 ausgewählten Wörtern eines Grundwortschatzes.*

Und dieses Repertoire ist nichts anderes als *Übungsstoff,* der für den gesamten Sprachausbau nur eine geringe Bedeutung hat. Denn er enthält vorwiegend jene Wörter, die das Kind bereits beim Schuleintritt kennt und spricht. Nun gilt es aber, diese Wörter rechtschriftlich zu sichern und diesen Grundbestand so aufzuarbeiten, dass allmählich auch Ableitungen und Übertragungen möglich sind. Am Ende der Grundschulzeit können die Kinder *in der Regel* weitaus mehr als 1000 Wörter richtig *schreiben,* nämlich noch zahlreiche abgeleitete, zusammengesetzte und gebeugte Wortformen. Beim Rechtschreiben geht es zwar in erster Linie um kontinuierliches und systematisches Üben, doch weder der geschriebene noch der gesprochene *Gesamtwortschatz* der Schülerinnen und Schüler wird durch dieses Vorgehen beschnitten. Im Gegenteil. Erfolge in der Rechtschreibung motivieren den jungen Menschen zur intensiveren Beschäftigung mit Sprache überhaupt. Au-

* In unserem Rechtschreibspiel sind es genau 1050 Wörter.

ßerdem sind die generellen Sprachkenntnisse des Kindes ohnehin viel umfangreicher als der angebotene Grundwortschatz und werden ja über die Rechtschreibübungen hinaus in vieler Hinsicht gefördert, entfaltet und gepflegt.

Den Grundwortschatz gibt es (leider) nicht

Nach den vorausgehenden Überlegungen dürfte es nun eigentlich gar nicht schwierig sein, einen Grundwortschatz zusammenzustellen. Als Rezeptur nehme man die 1000 häufigsten Wörter, teile sie durch die Anzahl entsprechender Klassenstufen und übe nun pro Schuljahr einen Teil davon ein. Jedoch: So einfach ist die Sache leider nicht. Häufigkeitsuntersuchungen liegen nur für die Sprache der Erwachsenen vor. Schaut man sich dort genauer um, so stellt man beispielsweise fest, dass unter den 117 am häufigsten gebrauchten Wörtern nur ein einziges Hauptwort, nämlich das Nomen »Zeit« auftaucht. Nun sind es aber gerade die Hauptwörter, die ein Kind zuerst lernt und spricht. Es kennt schon recht früh die Bedeutung der Wörter Papa, Mama, Puppe, Ball, Auto etc. – und kann sich mit diesen Begriffen verständlich machen. Legt diese Erkenntnis nun den Schluss nahe, dass die sprachstatistische Häufigkeit eines Wortes überhaupt keine Bedeutung für die Zusammenstellung eines Übungswortschatzes hat? Keineswegs. Viele der kleinen, leicht zu schreibenden Wörter finden sich nämlich auf den vorderen Rängen: die, der, und, mit, zu, ein, an, nach, aber, wenn, hat, ihm, für, schon, bis, jetzt – um nur einige davon zu nennen. Selbstverständlich müssen auch noch solche Wörter hinzukommen, die speziell für Kinder wichtig sind, die also in ihrer Erfahrungswelt Bedeutung haben. Dazu gehören Oma, Opa, Hund, Hose, Teller, Schule, Tisch, Brot, Haus, spielen, malen oder laufen, aber auch typische Wörter aus der Schülersprache: kriegt, kaputt, passiert, kuckt. Es wäre falsch, hier Vorbehalte anzumelden, weil solche Wörter in der Schriftsprache der Erwachsenen kaum auftauchen. Entscheidend ist: Kinder benutzen sie in ihren Texten – und demzufolge sollten sie natürlich auch in einen Grundwortschatz für Kinder aufgenommen werden.

Leider wird es aber noch etwas komplizierter: Für Kinder in Schleswig-Holstein und Mecklenburg-Vorpommern sind aufgrund ihrer Umwelt andere Begriffe bedeutsam als für Kinder in Bayern oder Thüringen. Und für Großstadtkinder werden je nach Bundesland durch unterschiedliche Lehrpläne und Unterrichtswerke (wie Fibeln, Sprachbücher, Sachbücher) immer wieder andere Schwerpunkte gesetzt. Und noch zwei weitere Faktoren müssen berücksichtigt werden: Soll ein Grundwortschatz sinnvoll aufgebaut sein, muss er unbedingt so genannte *Modellwörter* und besonders *fehlerträchtige Wörter* enthalten. Die Bedeutung des Modellwortschatzes lässt sich leicht erklären. Seine Wörter sollen die wichtigsten Rechtschreibregeln repräsentieren, die für Kinder unmittelbar einsehbar und anwendbar sind. Erst wenn ein Grundwortschatz solche Wörter enthält, können mit ihrer Hilfe die für das Rechtschreibspiel wesentlichen Regeln zur Vermeidung oder Bewältigung von Rechtschreibfallen angewandt werden – nämlich *Verlängerung* und *Ableitung*. In folgender Tabelle sind einige Beispiele aufgeführt:

Wort	*Problem*	*Regel*	*Lösung*
Wald	d oder t?	Verlängerung	Wälder
Hut	d oder t?	Verlängerung	Hüte
(er) trägt	e oder ä?	Ableitung	tragen
Wälder	e oder ä?	Ableitung	Wald
träumen	eu oder äu?	Ableitung	Traum
Bäume	eu oder äu?	Ableitung	Baum

Einer der führenden Rechtschreibdidaktiker Deutschlands, *Wolfgang Menzel,* hegte Zweifel, ob die Grundwortschätze und Rechtschreibteile von Sprachbüchern jene Wörter enthielten, in denen besonders häufig Fehler gemacht werden. Deshalb untersuchte er Aufsätze des 2. bis 10. Schuljahres und ermittelte darin die etwa 300 häufigsten Fehlerwörter wie z.B. zu Hause, vielleicht, lässt, auf einmal, muss, ließ, las, spazieren, ziemlich, endlich, Fahrrad, siehst, zu Ende. Ein Vergleich mit den bekanntesten Wortschatzlisten bestätigte seine Vermutung: Die typischen Fehlerwörter sind dort kaum enthalten! *Menzels* Plädoyer für ihre Aufnahme in den Grundwortschatz kommt unseren methodischen Überlegungen sehr entgegen. Schließlich ist ja auch die Kärtchenkartei des Rechtschreibspiels nichts anderes als eine ganz persönliche, systematische Sammlung fehlerträchtiger Wörter.

Der Grundwortschatz des Rechtschreibspiels

Der Übungswortschatz des Rechtschreibspiels berücksichtigt selbstverständlich die jüngsten Erkenntnisse der Sprachforschung, ohne freilich der regionalen Unterschiedlichkeit des Sprachgebrauchs in jeder Hinsicht gerecht werden zu können – was aber auch gar nicht notwendig ist. Denn: Der »Trainingswortschatz« Ihres Kindes besteht ja aus *zwei* Teilbereichen, nämlich dem auf den folgenden Seiten aufgeführten Grundwortschatz sowie dem variablen Wortschatz auf den Kärtchen, der sich aus allen (zunächst noch) fehlerhaften Wörtern zusammensetzt – sowohl aus unserem Grundwortschatz als auch aus den Wörtern der von Ihnen zusammengestellten oder ausgewählten Texte.
Die Anzahl der Wörter in unseren Grundwortschatzlisten für die einzelnen Schuljahre ist allerdings bewusst etwas geringer gehalten als in den meisten Lehrplänen der verschiedenen Bundesländer empfohlen. Einerseits, um mögliche Überforderungen durch ein zu hohes »Soll« und die damit zwangsläufig verbundenen Frustrationen zu vermeiden – schließlich soll das Rechtschreibspiel ja vor allem Kinder helfen, die bereits Probleme mit der Orthographie haben. Und andererseits, weil der variable, individuelle Wortschatz auf den »Nessie-Kärtchen« sozusagen nach oben offen ist. Folglich wird der gesamte Rechtschreib-Grundwortschatz Ihres Kindes nach einiger Übungszeit fast unmerklich ohnehin viel umfangreicher sein als von den Lehrplänen verlangt. Für die Zusammenstellung oder Auswahl eigener Diktate, die Sie ja nach etwa drei bis vier Übungswochen benötigen, empfiehlt sich folgende Strategie:

(1) Fragen Sie den Lehrer Ihres Kindes, welchen Grundwortschatz er in seinem Unterricht verwendet und nehmen Sie diese Wörter zusätzlich in Ihr Übungsprogramm auf.
(2) Falls Ihr Kind in die erste Klasse geht, verwenden Sie vor allem jene Wörter aus seiner Fibel, die ständig wiederkehren. Für Schüler ab der zweiten Klasse bieten vor allem die Sprachbücher Wörter und Texte an, die Sie ins Rechtschreibspiel übernehmen können.
(3) Blättern Sie in den Sachunterrichtsmappen Ihres Kindes. Dort finden Sie Themen, die gerade im Unterricht bearbeitet werden. Verwenden Sie auch diese Texte für Ihre Rechtschreibübungen.
So trainiert Ihr Kind vor allem die Rechtschreibung jener Wörter, die in der Schule gerade geübt werden und erfahrungsgemäß viel häufiger in den Klassendiktaten auftauchen als wahllos gesammelter Übungsstoff. Letztlich gibt nur die Entdeckung »So viele Wörter kann ich schon richtig schreiben!« Ihrem Kind zunehmende Sicherheit und wachsendes Selbstvertrauen. Daraus wird es auch die Motivation gewinnen, sich immer wieder mit dem – zugegeben – spröden Gegenstand der Rechtschreibung auseinanderzusetzen.

Grundwortschatzlisten und Übungsdiktate für die Klassen 1 bis 6

Das auf den folgenden Seiten angebotene Übungsmaterial wurde von *Rita Schafferhans,* Seminarleiterin am Studienseminar Primarstufe Bochum, zusammengestellt und während ihrer praktischen Arbeit als Lehrerin und Fachleiterin für Sprache jahrelang erprobt. Die Grundwortschatzlisten greifen auch auf die Erkenntnisse und Empfehlungen von *Wolfgang Menzel* zurück und wurden für die spezielle Methodik des Rechtschreibspiels entsprechend modifiziert.
Die fortlaufenden Diktate dieses Kapitels weisen eine Besonderheit auf, die für die Systematik des Rechtschreibspiels äußerst wichtig ist: Diese Texte setzen sich fast ausschließlich aus unseren Grundwortschatzlisten zusammen und bieten damit die Gewähr, dass Ihr Kind nach einmaligem Diktat unser Basisrepertoire mehrfach wiederholt,

also in ganz entscheidender Weise festigt. Aus diesem Grund versteht es sich von selbst, dass unsere Übungstexte weniger inhaltlich oder gar literarisch ausgerichtet sein können, sondern vor allem methodischen Überlegungen folgen müssen – vergleichbar etwa mit den Etüden eines Klavierschülers, die für den Zuhörer gewiss keinen Kunstgenuss darstellen.

Bevor Sie – und Ihr Kind – sich aber nun mit den einzelnen Grundwortschatzlisten und Übungsdiktaten befassen, sollten wir noch einen Blick auf die wesentlichsten Punkte der neuen Rechtschreibreform werfen. Auf den folgenden Seiten haben wir das Wichtigste für Sie zusammengefasst:

bisher	**jetzt**
1. s-Laut	
der Fluß der Kuß das Eßbesteck er läßt vergeßlich	der Fluss der Kuss das Essbesteck er lässt vergesslich
Nach kurzem Vokal/Selbstlaut steht immer ss.	
2. Zusammensetzungen	
Schiffahrt Schloßsaal Fußball-Länderspiel Seelefant	Schifffahrt oder Schiff-Fahrt Schlosssaal oder Schloss-Saal Fußballländerspiel oder Fußball-Länderspiel Seeelefant oder See-Elefant
Beim Zusammensetzen von Wörtern bleiben drei gleiche Buchstaben erhalten. Die Schreibung mit Bindestrich ist leichter zu lesen.	

bisher	jetzt
3. Wortstämme	
numerieren der Tip rauh der Stengel plazieren selbständig	nummerieren → die Nummer der Tipp → tippen rau der Stängel → die Stange platzieren → der Platz selbstständig oder selbständig → selbst
Wortstämme werden gleich geschrieben.	
4. Großschreibung	
gestern abend heute morgen morgen mittag gestern nachmittag	gestern Abend heute Morgen morgen Mittag gestern Nachmittag am Mittag eines Abends jede Nacht
Tageszeiten werden groß geschrieben	
5. Getrenntschreibung	
radfahren eislaufen sitzenbleiben kennenlernen spazierengehen	Rad fahren Eis laufen sitzen bleiben kennen lernen spazieren gehen
Zusammengesetzte Verben [aus Namenwort und Zeitwort (Nomen und Verb) und Zeitwort und Zeitwort (Verb und Verb)] werden getrennt geschrieben.	

bisher	jetzt
6. Trennung	
der Zuk-ker lek-ker wek-ken	der Zu-cker le-cker we-cken
ck wird nicht getrennt	
die We-ste ro-sten lu-stig	die Wes-te ros-ten lus-tig
st wird nach Sprechsilben getrennt.	
dar-an her-ab hin-ein vor-über war-um	da-ran he-rab hi-nein vo-rüber wa-rum
Trennung nach Sprechsilben.	
Abend, Esel, Ofen durften nicht getrennt werden	A-bend E-sel O-fen
Einzelne Selbstlaute dürfen abgetrennt werden.	
7. Fremdwörter	
die Phantasie der Joghurt die Spaghetti der Rhythmus der Thunfisch der Panther	die Fantasie oder Phantasie der Jogurt oder Joghurt die Spagetti oder Spaghetti der Rytmus oder Rhythmus der Tunfisch oder Thunfisch der Panter oder Panther
Die Schreibung von Fremdwörtern kann vereinfacht werden.	

Grundwortschatz für Klasse 1: 78 Wörter

Aber
alle
am
an
auch
aus
Auto

Ball
bauen

Da
dann
das
dem
den
der
die
durch

Ein
    einen
Eis
er
es

Fahren
fein
für

Gehen
    geht (sie)

Haben
    hat (er)
Haus
heute
holen
    holt (er)
Hund

Ich
ihm
im
in
ist

Kann
kaufen
kein
Kinder
kommen

Laufen
lesen
lieb

Malen
    malt (er)
mein
mit
Mutter

Neu
nicht

Oma
Opa

Rot

Sagen
schön
Schule
sein
sie
sind
spielen
    spielt (er)

Tisch

Und

Vater
vor

Was
waschen
Wasser
will
wir
wo
wollen
    will (er)

Zu

Diktate für Klasse 1

Oma und Opa (21 Wörter)
Da kommen Oma und Opa. Sie sagen: Wo sind die Kinder? Die Kinder kommen. Auch Tim, der Hund.

Wir bauen ein Haus (26 Wörter)
Wir bauen ein Haus für Vater, Mutter, Oma, Opa und die Kinder. Auch für Tim, den Hund. Das neue Haus ist schön.

Das neue Auto (24 Wörter)
Vater und Mutter haben ein neues Auto. Es ist rot. Mit dem Auto wollen wir heute zu Oma und Opa fahren.

Was will Opa tun? (23 Wörter)
Opa will sein Auto waschen. Er holt es vor das Haus. Was will Opa sagen? Er will Wasser haben.

Wir spielen (20 Wörter)
Alle sind am Tisch. Wir bauen und spielen. Vater hat mein Auto. Ich will das Auto auch haben.

Der Hund Tim (23 Wörter)
Wo ist Tim, der Hund? Er ist nicht da. Tim ist im Haus und will Wasser haben. Das ist fein.

Tim (22 Wörter)
Tim ist ein lieber Hund. Er will durch das Haus laufen und mit dem Ball spielen. Er holt den roten Ball.

Wir spielen mit dem Hund (23 Wörter)
In dem Haus ist ein lieber Hund. Wir sagen, wir wollen mit dem Hund spielen. Das ist fein.

Vaters Auto (23 Wörter)
Mein Vater hat ein rotes Auto. Es ist vor dem Haus. Vater will Eis holen. Aber das Auto will nicht fahren.

Wir malen (25 Wörter)
Ich will malen. Ich male einen roten Ball. Mutter malt ein Auto. Vater malt ein Haus. Opa will nicht malen. Auch Oma nicht.

Wir kaufen Eis (28 Wörter)
Die Kinder kommen aus dem Haus. Sie wollen mit Opa im Auto fahren und Eis kaufen. Vater und Mutter sagen: Wir wollen auch Eis haben!

Schule spielen (30 Wörter)
Die Kinder sagen, sie wollen heute am Tisch Schule spielen. Sie sind alle da und lesen, bauen und malen. Dann holt Ute den Ball. Die Schule ist aus.

Wir kaufen ein (34 Wörter)
Vater und Mutter fahren mit dem Auto und kaufen ein. Ute und Tim, der Hund, kommen mit. Ute will einen roten Ball für Tim haben. Dann kann sie mit ihm spielen.

Keine Schule (38 Wörter)
Heute ist keine Schule. Für die Kinder und Tim ist das schön. Sie spielen vor dem Haus mit dem Ball. Auch Tim will den Ball haben und spielen. Der Hund will nicht in das Haus gehen.

Wir gehen in die Schule (39 Wörter)
Ute geht in die Schule. Alle Kinder gehen mit. In der Schule lesen, malen, spielen und bauen sie. Sie sagen: In der Schule ist es schön. Kann Tim nicht auch in die Schule gehen?

Grundwortschatz für Klasse 2: 139 Wörter

Abend
aber
allein
als
alt
Arbeit
auf

Backen
Bahn
bei
besuchen
Bett
bezahlen
blau
brauchen
Bruder
Buch
Bus

Denken
denn
doch
draußen

Eine
  einem
einige
einkaufen
einmal
essen
etwas

Fährt (er)
fernsehen
finden
fragen
Frau
fressen
Freund

Geben
  gibt (er)
Geld
groß
grün
gut

Hast (du)
  Häuser
Heft
heißen
helfen
hier
hören
Hose

Ihn
ihr

Ja
jetzt
Junge

Kalt
kaputt
Kind
Klasse
klein
  kommt (er)
können
Kopf
krank
kriegen

Lachen
  läuft (er)
lernen
  liest (er)
Leute
liegen
  liegt (er)

Machen
Mädchen
Mann
mehr
morgen
Müll
müssen
  muss (er)

Nach
Name
nehmen
  nimmt (er)
nein
noch
Not
nun
nur

Ob
oder
ohne

Pause
Puppe

Rad
rechnen
richtig

Sagt (er)
schlafen
  schläft (er)
Schokolade
schreiben
schwer
Schwester
sehen
  sieht (er)
sehr
seinen
sitzen
  sitzt (er)
so
sollen

Sonne
stehen
steht (er)
Straße
suchen

Tag
Telefon
Teller
trinken
tut (er)

Über
Uhr
uns
unser

Verkaufen
viel
viele
von

Wann
weinen
werden
wird (er)
wieder
Winter

Zeitung
Zimmer
zurück

Diktate für Klasse 2

Oma und Opa (36 Wörter)
Oma und Opa kommen mit der Bahn und besuchen uns. Sie fragen: »Wo sind die Kinder?« Jetzt kommen das Mädchen und der Junge über die Straße. Der Hund, ihr Freund, kommt auch mit.

Wir bauen ein Haus (43 Wörter)
Das alte Haus ist zu klein. Wir brauchen ein großes Haus für Vater, Mutter, Oma, Opa, Ralf und Nina. Die Kinder sind Bruder und Schwester. Wir suchen über die Zeitung Leute, die viel Geld für das alte Haus bezahlen.

Das neue Auto (59 Wörter)
Vater und Mutter wollen ihr altes blaues Auto verkaufen. Es ist aber noch nicht kaputt. Als der Mann kommt, der es kaufen will, muss Nina etwas weinen. »Es wird wieder gut«, sagt Vater. »Morgen müssen wir das neue rote Auto holen. Heute können wir nur mit dem Bus oder der Bahn zu Opa und Oma fahren.«

Was will Vater tun? (56 Wörter)
Vater ist allein im Haus und liest ein Buch. Dann will er fernsehen. Jetzt sieht er draußen die Sonne. Wann wird es wieder so schön sein? Er will sein Auto waschen. Er fahrt es von der Straße vor das Haus und holt Wasser. Das ist eine schöne Arbeit draußen in der Sonne.

Wir spielen (56 Wörter)
Der Abend kommt. Vater sitzt noch am Telefon. Ute will Mutter helfen, etwas zu backen. Dann sitzen alle am Tisch. Nun wollen wir spielen. Ralf will ein Haus für sein Auto und seinen Bus bauen. Er malt auch eine Straße. Ute will mit ihrer Puppe spielen. Sie soll lesen, schreiben und richtig rechnen lernen.

Der Hund Tim (49 Wörter)
Tim ist der Hund von Nina und Ralf. Er ist ihr Freund. Aber wo ist er? Tim ist nicht da. Er liegt im Haus bei Oma. Er will essen und trinken. Oma gibt ihm jetzt etwas Wasser, denn Hunde sollen nur einmal am Tag etwas fressen.

Tim (47 Wörter)
Tim ist ein lieber Hund. Jetzt will er mit Ninas großem grünen Ball spielen. Er gibt ihn Nina wieder zurück. Dann läuft er und holt den roten Ball. Nun sollen die Kinder den Ball kriegen. Sie lachen und denken: »Ja, unser Tim ist doch sehr lieb.«

Wir spielen mit dem Hund (44 Wörter)
Aus dem Haus kommt ein großer Hund und läuft auf uns zu. Er gibt uns seinen grünen Ball. Was soll ich machen? Soll ich Mutter rufen? Da sagt mein Bruder: »Der will nur spielen. Du sollst den Ball kriegen.«

Vaters Auto (64 Wörter)
Mutter sieht auf die Uhr. Jetzt kann sie Vaters Auto hören. Er ist da, denn das Auto steht vor dem Haus. Wir werden Vater fragen, ob er uns Schokolade holt. Er sagt: »Ja, Mutter soll uns Geld geben.« Aber was ist denn das? Das Auto fährt nicht mehr. Es ist kaputt. Nun ist Vater in großer Not, denn er hat viel Arbeit.

Wir malen (56 Wörter)
Wir sitzen im Zimmer und malen. Mein Bruder malt eine Straße mit Häusern und Autos. Er malt auch einen Bus, eine Bahn und ein Rad. Was tut er jetzt? Er malt noch einen Mann und eine Frau mit einem Kind. Das Kind hat eine Puppe, aber ohne Kopf. Oder sieht das nur so aus?

Wir kaufen Eis (62 Wörter)
Nach der Arbeit will Vater heute schlafen. So suchen die Kinder den Opa. Als sie ihn finden, sagen sie: »Vater schläft.« Opa gibt ihnen

Geld. Da rufen sie: »Das ist gut. Wir werden uns Eis kaufen. Denn das ist richtig schön kalt. Aber wir müssen mit dem Auto fahren.« Opa sagt: »Dann wollen wir sehen, ob mein Auto fährt.«

Schule spielen (72 Wörter)
Die Mädchen und Jungen sitzen am Tisch und wollen Schule spielen. Sie nehmen ein Buch und lesen und lernen. Ralf gibt seiner Schwester Nina das Buch. Sie nimmt es und liest. Nun wollen sie rechnen. Aber Ute muss richtig lachen. Rechnen ist ganz schön schwer. Draußen liegt Tim allein und schläft. Er hat es gut. Aber morgen muss er lernen, seinen Ball zu suchen. Oder ist der auf dem Müll?

Wir kaufen ein (66 Wörter)
Vater fährt im Auto mit Mutter, Ralf und Nina. Sie müssen heute viel einkaufen. Ralf braucht eine neue Hose für den Winter. Die alte blaue Hose ist kaputt. Und Nina kriegt eine neue Uhr und ein rotes Heft. Nun kann sie wieder schreiben. Vater kauft noch ein schönes Buch. Sie müssen sehr viel Geld bezahlen. Aber mehr wollen sie auch heute nicht kaufen.

Keine Schule (74 Wörter)
Heute kommt Ralf nicht aus dem Haus. Er ist krank. Er liegt allein im Bett und sein Kopf tut sehr weh. Ihm ist auch kalt. Nach der Schule kommen die Kinder und besuchen ihn. Dann spielen sie draußen mit dem Ball. Ralf kann sie hören. Tim, der Hund, ist bei ihm. Er schläft vor dem Bett. Ralf liest ein Buch. Aber mit seinem kranken Kopf kann er nicht richtig lernen und denken.

In der Schule (70 Wörter)
Ralf und Nina gehen in die Schule. Karin ist auch in ihrer Klasse. In der Schule sind viele Jungen und Mädchen. Alle müssen lernen, richtig zu lesen, zu schreiben und zu rechnen. Das ist ganz schön schwer. In der Pause spielen einige Kinder mit ihren Puppen. Andere fahren Rad. Viele Kinder sitzen in der Sonne. Jetzt ist die Pause aus, und sie müssen wieder in die Klasse.

Grundwortschatz für Klasse 3: 205 Wörter

Am Abend
alles
allmählich
also
andere
anlassen
anrufen
Apfel
  Äpfel
arbeiten
Ast
  Äste

Bald
  Bälle
Baum
  Bäume
beginnen
beide
beißen
  beißt
bekommen
bellen
Benzin
bequem
besonders
Besuch
Bild
billig
Blatt
  Blätter
bleiben
bloß
blühen
Blume
Blüte
böse
bringen
  bringt
Brot
Büro
Butter

Cola

Damit
danach
darin
dachte
dick
am Dienstag
Doktor
am Donnerstag
dort
dünn
dürfen
durch
Durst

Eltern
endlich
erst
essen
  aß
eure

Fuhr
Fahrrad
  Fahrräder
Fahrt
Fehler
Feld
Fenster
Ferien
beim Fernsehen
der Fernseher
fertig
  fragt
  fragte
fröhlich
Fuß
Fußball

Ganz
gar nicht
Garten
  gab
  geht
  ging
gelb
Gemüse
gemütlich
gern
Geschäft
Geschenk
gestern
gestern Abend
Glück
glücklich
Gras
  größer
gucken
  guckt
alles Gute

Hatte
halten
  hielt
heiß
Hemd
heraus
herrlich
heute Abend
hinterher
hoffentlich
Hörer
Hunger haben

Immer
immer wieder
ins

Jacke
Jeans
jedoch

Kartoffeln
Katze
klopfen
  klopft

kam
konnte
kriegt
Küche
Kuchen

Lange
langsam
las
lief
gelaufen
laut
Lehrer
Lehrerin
links
los

Manchmal
Maschine
mehrere
meistens
mitfahren
heute Morgen
Motor
müde

müsst
musste

Nach Hause
natürlich
nahm
nett
nichts

Obst
oft
Onkel

Papier
passieren
pflanzen
plötzlich
Pullover

Quark

Rad fahren
rechts
rennen
rennt

rief

Sagte
Schnee
schnell
schon
schreibt
Schwanz
schwierig
sah
sich
sitzt
saß
sofort
sonst
spät
spannend
Spaß
spazieren
Stadt

Tante
Tee
telefonieren
trank

tat

Üben
unserem

Versuchen
Vielleicht

Wachsen
Wagen
war
wedeln
wenn
wurde
wie
wohnen
Wohnung
wütend

Zeit
zuerst
zu Hause
zuletzt
Zusammen
zu viel

Diktate für Klasse 3

Besuch von Opa und Oma (51 Wörter)
Opa und Oma kamen gestern Abend mit der Bahn und besuchten uns. Sie fragten: »Wo sind die Kinder?« Aber da kamen die beiden schon über die Straße gelaufen. Tim, ihr Hund und Freund, lief auch mit. Er bellte fröhlich los, als er Oma und Opa sah.

Wir müssen ein neues Haus bauen (65 Wörter)
Das alte Haus wird zu klein, wenn Opa, Oma, Onkel und Tante bei uns wohnen wollen. Wir brauchen jetzt ein großes Haus mit mehreren Wohnungen. Es soll auch ein Büro für Vater und einen großen Garten mit vielen Bäumen, Gras und Blumen bekommen. Wir werden draußen Kartoffeln, Obst und Gemüse pflanzen. Hoffentlich dürfen wir im Garten auch Fußball spielen!

Wir spielen (81 Wörter)
Wenn Vater und Mutter am Abend mit ihrer Arbeit fertig sind, sitzen alle am Tisch und können spielen, lesen oder fernsehen. Nina und Ralf finden fernsehen langweilig. Sie wollen auch nicht lesen. Sie wollen lieber mit den Eltern spielen. Als sie gerade beginnen wollen, hören sie das Telefon. Vater muss telefonieren. Mutter holt ein Blatt Papier und schreibt etwas auf. Das ist ganz schön schwierig, denn es muss schnell gehen. Vater kommt zurück. Vielleicht können wir jetzt endlich zusammen spielen.

Wir malen (75 Wörter)
Nina und Ralf sitzen im Zimmer und malen. Auch Tim ist da. Die Kinder malen gern. Heute malt Ralf ein Geschenk für seine Tante. Er malt einen kleinen Baum mit roten Äpfeln und schönen grünen Blättern. Im Gras blühen Blumen mit gelben Blüten. Rechts und links auf dem Feld wachsen schöne Apfelbäume. Nina malt nicht mehr weiter. Sie guckt ihm nur zu. Dann schreibt sie unten auf das Bild: »Liebe Tante, alles Gute.«

Wir kaufen ein (67 Wörter)
Nina und Ralf fahren mit ihrer Tante und kaufen ein. Ralf braucht eine neue Hose und ein dickes Hemd, denn bald gibt es Schnee. Er will auch eine Jeans haben, aber seine Tante sagt: »Das ist nichts für den Winter.« Nina kriegt eine neue Jacke, einen Pullover und eine dicke Hose. Sie ist glücklich, aber Ralf dachte bei sich: »Jeans habe ich viel lieber.«

Das neue Auto (90 Wörter)
Bald braucht Vater ein anderes Auto. Das alte Auto ist noch nicht kaputt, aber nicht mehr sehr gut. Auch braucht es zuviel Benzin. Vater hat Glück. Im Geschäft kann er ganz billig ein anderes bequemes Auto bekommen. Hoffentlich kann er sein altes Auto auch sofort verkaufen. Noch am Dienstag versucht er, mit der Zeitung zu telefonieren. Es ist richtig spannend, als am Donnerstag die Zeitung kommt. Alle wollen sie zuerst lesen. Da geht schon das Telefon. Mutter läuft schnell durch das Zimmer und nimmt den Hörer ab.

Eine schöne Arbeit (85 Wörter)
Opa saß allein zu Hause. Er las zuerst die Zeitung und danach ein Buch. Zuletzt machte er es sich beim Fernsehen gemütlich. Plötzlich kuckte er nach draußen. Die Sonne sah durch die Äste der Bäume ins Fenster. Wann wird es wieder so schön sein? Also fuhr Opa sein Auto heraus, um es zu waschen. In der Sonne war es herrlich heiß. Opa arbeitete ohne Hemd. Danach hatte er Hunger und Durst. Er trank eine Cola und aß einen Apfel von unserem Obstbaum.

Tim (83 Wörter)
Tim ist der Hund von Nina und Ralf. Er ist ihr Freund. Tim spielt gern mit Bällen, aber er beißt sie immer kaputt. Mit dem alten Ball jedoch kann nicht viel passieren. Heute Morgen ist eine Katze in unserem Garten. Tim bellt ganz wütend und rennt immer wieder hinter ihr her. Die Katze sitzt schon lange auf dem Ast eines Baumes und fragt sich: »Warum bellt der Hund bloß so laut?« Endlich hört Tim auf zu bellen. Das wurde auch allmählich Zeit!

Wir spielten mit dem großen Hund (84 Wörter)
Gestern kam hier aus dem Haus ein großer Hund, der lief auf uns zu. Was wollte er bloß? Vielleicht wollte er nur spielen. Er sah auch ganz lieb aus, wie er so vor uns saß und mit dem Schwanz wedelte. Dann holte er einen großen, kaputten Ball. Den sollten wir nehmen und werfen. Es machte ihm Spaß, ihn immer wieder aus dem Garten zu holen. »Der ist gar nicht böse. Jetzt kuckt er ganz glücklich«, rief mein Bruder.

Schule spielen (83 Wörter)
Heute Morgen saßen die Mädchen und Jungen am Tisch und spielten Schule. Sie nahmen Bücher und lasen und lernten. Ralf gab seiner Schwester ein Buch. Sie nahm es und las laut vor. Aber das war alles nicht richtig. Sie machte viele Fehler. Ralf spielte den Lehrer und rief: »Du machst zu viele Fehler. Aber vielleicht kannst du besonders gut rechnen.« Jedoch auch das ging gar nicht so gut.» Ich will nicht mehr rechnen. Ich will malen. Dabei kann mir nichts passieren.«

Beim Fernsehen (82 Wörter)
Die Kinder machen es sich am Abend in Opas Wohnung gemütlich. Sie wollen fernsehen. In der Zeitung haben sie gelesen, dass es heute sehr spannend wird. Das macht natürlich besonders viel Spaß. Opa bringt ihnen noch eine Cola und macht den Fernseher an, dann geht er Zeitung lesen. Jetzt klopft Mutter. Sie will für alle Obst und Kuchen bringen. Das ist sehr nett. Endlich geht es los. Das wird aber auch Zeit! Denn sonst kommen wir zu spät ins Bett.

In der Schule (84 Wörter)
Meistens gehen Nina und Ralf zu Fuß in die Schule. Manchmal dürfen sie auch mit dem Rad fahren. In ihrer Klasse sind viele nette Kinder. Alle sind Freunde. Auch ihre Lehrerin ist sehr lieb. Aber sie müssen viel lernen und üben. In der Pause spielen Mädchen und Jungen oft zusammen. Häufig spielen sie Kriegen. Bald gibt es Ferien. Viele Kinder bleiben zu Hause. Das finden sie schön. Dann können sie auch in den Ferien zusammen spielen. Hoffentlich gibt es viel Sonne!

Keine Schule (93 Wörter)
Gestern Morgen ging Ralf nicht zur Schule. Er musste im Bett bleiben, denn er war krank. Erst war ihm ganz kalt, dann wurde es ihm richtig heiß. Er schlief etwas. Danach hatte er einen ganz roten Kopf, der ihm sehr weh tat. Mutter kam mit Tee. Sie sagte: »Hier ist auch ein Brot mit Butter und Quark. Du musst etwas essen. Wenn du mich brauchst, kannst du ja klopfen.« Mutter ging, um mit dem Doktor zu telefonieren. Auch in der Schule rief sie an. Der Doktor wollte gestern Abend noch kommen.

Wir kaufen Eis (99 Wörter)
Heute war es sehr heiß. Vater ist müde und will keine Fahrt mehr in die Stadt machen. Aber er gab den Kindern Geld. So konnten sie mit dem Rad fahren, um Eis und Kuchen zu kaufen. Erst wollten sie auch mit dem Rad fahren. Doch weil es so heiß war, suchten sie Opa und fragten ihn, ob er sie mit seinem Wagen fahren wollte. Opa war so lieb und fuhr sie zum Eisgeschäft. Dort tranken sie erst einmal eine Cola und gingen mit Tim spazieren. Danach kauften sie Eis und Kuchen und fuhren wieder nach Hause.

Das kaputte Auto (103 Wörter)
Vater sah auf die Uhr. Mutter muss doch langsam nach Hause kommen. Sie kommt ganz schön spät. Auch die Kinder warten schon lange. Endlich konnten sie das Auto sehen. Mutter hielt an und die Kinder fragten: »Fährst du mit uns zum Geschäft und holst uns Obst? Wir brauchen auch noch Brot und Butter.« »Natürlich dürft ihr mitfahren«, sagte Mutter. Sie wollte den Motor wieder anlassen. Was war denn das? Das Auto fuhr nicht mehr! »Dann müsst ihr eure Fahrräder nehmen und in die Stadt fahren.« Vater hat jetzt Arbeit mit dem Auto. Er rief: »Ich muss nach der Maschine kucken!«

Grundwortschatz für Klasse 4: 211 Wörter

Ähnlich
Ahnung
anders
ändern
anfangen
  fängt an
Angst
Apfelsine
Ärger
  ärgerlich
Arzt
auf einmal
Aufgabe
aufräumen
Augenblick

Basteln
  begann
zum Beispiel
beobachten
Berg
Bericht
berühmt
besser
ein bisschen
Boot
boxen
Brief
Brücke
  Busse

Camping

Dabei
daran
darunter
dass
im Dezember
diese

Ecke
ehrlich
eigentlich
einladen
am Ende
Entschuldigung
Erlebnis
ernten
erzählen
  das Essen

Fallen
  fällt
Familie
fassen
  fasst
feiern
Film
Feuer
fliegen
Flugzeug
Fluss
  Flüsse
Freundin
Freundinnen
frieren
froh
Frühling
Frühstück

Gar kein
Geburtstag
Gefahr
  gefährlich
Geheimnis
Geschichte
gesund
Gewitter
gratulieren
Grüße

Haare
Hals
Hand
Hände
Haut
heizen
  Heizung
Herbst
Herr
heulen
Himmel
Hitze

Idee
interessant

Jahr
Januar
jeden
jeder
jemand

Kaffee
kaum
Kette
Kino
klettern

Land
  Länder
langweilig
lassen
  lässt
  ließ
leer
letzter
Lied
lustig

Man
im Mai
Männer
Mantel
im März
Meer
Menschen
mieten
mindestens

Minute
am Mittag
morgen
Mütze

Nachmittag
Nacht
nächster
Name
  nämlich
nass
nie
November

Oder
Ohr
Ort

Paar
passen
  passiert
Pfennig
Pferd
Platz
Polizist

Regen
Reihe
Reise
reisen
  reist
reiten
  rannte
ruhig

Salat
Satz
schenken
  geschenkt
Schiff
Schluss
Schlüssel
etwas Schönes
Schreck
schreien
Schrift
schwimmen
See
Seite
September
Sommer

Sport
steigen
  stieg
Stück
Stunde

Tasse
  eines Tages
Tier
tragen
traurig
treiben
trotz
tüchtig

Unfall
Unglück
unten
Unterricht
Urlaub

Vergessen
Verkäufer
Verkehr
voll

vorbei
am Vormittag
Vorsicht

Wächst
während
  wäre
wahr
  Wahrheit
Wald
warm
Welt
Wetter
Woche
Wolke
Wurst

Zahl
zerreißen
  zerrissen
Zettel
Zeugnis
ziehen
Ziel
zu Ende

Diktate für Klasse 4

Geburtstag (94 Wörter)
Nina hat morgen Geburtstag. Sie hat Karin und viele andere Freundinnen eingeladen. Bei schönem Wetter wollen sie am Mittag im Garten feiern. Da ist viel Platz. Vater macht ein Feuer. Dann gibt es heiße Wurst und Salat. Das wird ein gutes Essen. Jeder bringt etwas Schönes als Geschenk mit.
Opa und Oma können morgen nicht kommen. Sie schreiben einen Brief zur Entschuldigung mit lieben Grüßen und gratulieren. Am Ende der Woche will dann die Familie feiern. Am Vormittag, wenn noch nicht so viel Verkehr ist, wollen sie an den See fahren und schwimmen.

Ein neues Haus wird gebaut (105 Wörter)
Das alte Haus wird zu klein, da Oma und Opa auch bei uns wohnen wollen. Vater hat ein Stück Land am Fluss gekauft. Im März kommen die großen Maschinen und allmählich geht es los. Im Mai ist sehr schlechtes Wetter mit viel Regen, da können die Männer gar nicht arbeiten. Doch dann wird es plötzlich anders. Es ist nicht mehr nass. Wir beobachten, wie das Haus jeden Tag ein bisschen wächst. Bald sind wir am Ziel und die Arbeiten gehen zu Ende. Nur Mutter hat noch etwas Angst, dass die Familie im November nicht in das neue Haus ziehen kann.

Schon wieder ein neues Auto (103 Wörter)
Vater kann es nicht ändern, aber nach diesem Unfall braucht er nämlich sofort wieder ein neues Auto. Es soll ähnlich sein wie der alte Wagen, denn der war sehr bequem. Am Nachmittag fährt Vater mit dem Bus in die Stadt. Er will dem Verkäufer erzählen, dass er Ärger mit einem Unfall hatte und schnell ein anderes Auto braucht. Vielleicht haben sie einen ähnlichen Wagen da, wie ihn Vater kaufen will. Wenn nicht, muss er sich erst einmal einen mieten und Wochen auf den neuen Wagen warten. Das fällt ihm nicht leicht und will ihm auch gar nicht passen.

Fernsehen (116 Wörter)
Wenn man wollte, könnte man den ganzen Tag fernsehen. Schon am Vormittag geht es los. Da kommen noch einmal die Filme vom Abend vorher. Das sind Filme, die man oft auch schon im Kino sehen konnte. Am Nachmittag gibt es dann Filme und Spiel oder Sport für Kinder. Dabei haben wir viel Spaß und vergessen meistens, dass wir jeden Tag nur zwei Stunden kucken dürfen.
Am Abend sehen unsere Eltern auch fern. Sie kucken sich die Berichte an, die am anderen Tag auch in der Zeitung stehen. Man kann sehen, was in der Welt passiert ist. Mutter findet das Wetter immer besonders interessant. Danach müssen wir ins Bett, auch wenn uns das nicht passen will.

In der Geisterbahn (111 Wörter)
Nina war mit ihren Freundinnen in der Geisterbahn. Als sie nach Hause kam, erzählte sie ihrem Bruder von dem Erlebnis:
Über der Tür steht in dicker Schrift das Wort »Geisterbahn« und darunter der Satz: »Sehen Sie sich das große Geheimnis an.« Mit einer kleinen Bahn reist man durch das Land der Geister. Die Geister heulen und schreien laut etwas in dein Ohr. Viele Hände fassen dich an und wollen nicht von dir lassen. Du kriegst einen großen Schreck und denkst, das ist sehr gefährlich. Vorsicht, der Geist da lässt nie einen aus. Seine Hand fasst jedem ins Haar. Am Schluss ist man froh, wenn die Gefahr vorbei ist.

Glück im Unglück (125 Wörter)
Vater hatte seinen neuen Wagen noch gar nicht lange, als ihm eines Tages bei uns an der Ecke ein anderes Auto hinten links hineinfuhr. Der andere Herr stieg sofort nach dem Unfall aus und zeigte Vater seine Papiere. Im ersten Augenblick kriegte Vater einen Schreck und war sehr ärgerlich, aber dann dachte er: »Es ist besser so, als wenn dabei zum Beispiel einem Menschen oder Tier etwas passiert wäre.« Ein Polizist kam vorbei und wollte, dass sie die Autos an die Seite fuhren. Dann ging der andere Herr mit Vater eine Tasse Kaffee trinken. Er schrieb seinen Namen und die wichtigen Zahlen auf einen Zettel. Als

Vater mit dem kaputten Auto nach Hause kam, musste er uns sofort von dem Erlebnis erzählen.

Ferien zu Hause (132 Wörter)
In dieser Woche gab es am Dienstag Ferien. Nina hatte etwas Angst, denn der Morgen begann damit, dass es das Zeugnis gab. Sie hatte gar kein Frühstück essen können. Aber nun war sie ganz ruhig und froh, denn ihr Zeugnis war noch nie so gut. Nina macht in diesem Jahr keine Reise. Ihr Vater bekommt keinen Urlaub. Aber sie war nicht traurig, denn sie will jeden Tag basteln und auf dem Pferd ihres Onkels reiten. Auch Ralf bleibt zu Hause. Während die anderen auf die Berge klettern oder mit dem Flugzeug in andere Länder fliegen, will er viel Sport treiben. Er will schwimmen und boxen. Auch ins Kino wird er gehen und Filme ankucken. Da sieht er interessante Geschichten. Im nächsten Jahr wird er wieder mit den Eltern reisen.

Pfennige bringen Glück (126 Wörter)
Es war einmal ein Pfennig, den bekam ein kleiner Junge geschenkt. Er ließ ihn zusammen mit seinem Schlüssel in seine leere Tasche fallen. Dort blieb er aber nur eine Minute, denn der Junge rannte hinter einem Fußball her und die Hosentasche war unten ein bisschen zerrissen. So fiel der Pfennig auf die Straße und blieb dort liegen. Nach einer Stunde kam ein Mann vorbei, der war Arzt. Er nahm das Geldstück auf und schenkte es einem kleinen Mädchen, das schon sehr lange krank war. »Pfennige bringen Glück«, sagte der Doktor. »Ich werde ihn an einer Kette um den Hals tragen.« Sie wurde wieder gesund und dachte: »Was der Arzt mir gesagt hat, ist wahr.« Oder glaubt jemand, diese Geschichte wäre nicht die Wahrheit?

Sommerferien (142 Wörter)
Am letzten Schultag vor den Ferien ist es in der Schule immer besonders lustig. Das ist ein Unterricht! Man fängt an aufzuräumen und hat keine anderen Aufgaben mehr. Mit unserer Lehrerin singen wir ein Lied. Sie hat die interessante Idee, dass wir alle erzählen, was wir eigentlich im Urlaub machen wollen. Meine Freundin fährt mit ihren

Eltern in die Berge und macht dort Camping. Viele Kinder fliegen mit dem Flugzeug in andere Länder oder fahren mit dem Schiff über das Meer. Peter will mit seinem Vater auf unserem See ein bisschen mit dem Boot fahren. Nina erzählt, dass sie in eine Stadt mit einer berühmten Brücke reisen wollen. Den Namen des Ortes hat sie vergessen. Ralf ist ganz ehrlich, als er an der Reihe ist. Er findet es traurig und langweilig, dass sein Vater in diesem Jahr gar keinen Urlaub bekommt.

Das Jahr (149 Wörter)
Im Januar beginnt das Jahr. Es ist Winter. Meistens fällt Schnee und die Flüsse sind voll Eis. Wenn wir zur Schule gehen, müssen wir trotz Mantel und Mütze richtig frieren. In anderen Ländern unserer Welt sieht das ganz anders aus als hier. Dort werden im Winter die Apfelsinen geerntet.
Jedoch im Frühling wird das Wetter besser. Dann scheint die Sonne wieder mehr. Aber es gibt auch noch viel Regen. Daran ist bei uns nichts zu ändern.
Im Sommer bekommen wir Ferien. Oft ist es am Mittag sehr heiß. Am Himmel ist keine Wolke zu sehen. Die Menschen gehen bei der Hitze gern schwimmen. Am Abend kann es auch einmal ein Gewitter geben.
Der Herbst beginnt im September. Im Wald werden die Blätter bunt.
Der November ist nass und kalt. Er gibt uns schon eine Ahnung vom Winter. Wir brauchen die Heizung und heizen, um nicht zu frieren.

Grundwortschatz für Klasse 5: 208 Wörter

Abends
absichtlich
Affe
allerdings
älter
Anfang
anfassen
anstrengen
  anstrengend
antworten
ärgern
artig
aufpassen
  passt auf
das Aussehen
aus Versehen

Bäcker
Bär
bedeutet
beinahe
  gebissen
Belohnung
berichten
Beruf
Bescheid sagen
am besten
bevor
bewegen
  bewegt
binden
bis
Blick
brechen
  gebrochen
bremsen

Dadurch
dagegen
dauern
  dauert
deshalb
dreckig

Eintrittskarte
eng
entdecken
entschuldigen
Erfolg
erschrecken
extra

Fallen
  fiel (er)
  gefallen
Farbe
fehlen
Feier
Fest
Filzschreiber
Finger
Fisch
Fleisch
fließen
  geflossen
fremd
  frisst
sich freuen
früh
Füller
Füße
füttern

Gar nichts
Gast
  Gäste
Gedanken
Gefühl
gegen
genug
geschehen
Gesicht
gleich

Halb
hängen
Haut
heißen
herkommen
Herz
hierher
Hilfe
hinauf
hoch
hohe
Höhle
Holz
Hut

Interessieren
inzwischen
irgendwie

Jedenfalls
jung
  jünger

Kasse
Kleid
  die Kleinen
  geklettert
Knie
Knochen
komisch
kräftig
Krankenhaus
kurz

Lärm
leben
leider
Leine
  beim Ler-
  nen
lieben
liebt
Lieblings-
  tier

Löwe
Lust

M einige Male
Meinung
Menge
mittags
die Mitte
am Mittwoch
Monat
morgens
mutig

Nachbarin
nachmittags
am nächsten
neugierig
niemand
nirgends
Nummer

Offen
öfter

Park
passten
praktisch
Preis
probieren
Problem

Quer

Reißen
retten
riechen
Ring
Rock

Sachen
sammeln
schließen
schließt
schließlich
schlimm
schnuppern
schreien
schrie
sechs
seit
selber
sorgen
Spaziergang
Spiel
stehen
stehen bleiben
stand
Stelle
Stoff
Streit
süß

Teuer
Text
tief
Ton
tot
Tränen
trotzdem

Überall
überhaupt
übrig

Verboten
Verhalten
verletzt
verrückt
vorher
Vorsichtig

Wach
wählen
wahrschein-
lich
weg
eine Weile
wenigstens
wirklich
wissen
weiß (er)
gewusst
wünschen
Wut

Zaun
zählen
Zähne
zeigen
ziehen
zieht
ziemlich
Zoo
zwar

Diktate für Klasse 5

Geburtstag (144 Wörter)

Nina hatte im Monat Mai Geburtstag. Sie wurde zehn Jahre alt. Leider musste sie an ihrem Lieblingstag morgens in die Schule, da er auf einen Mittwoch fiel. Deshalb fand sie es besonders anstrengend, überhaupt aufzupassen. Sie war mit ihren Gedanken gar nicht beim Lernen. Dadurch jedenfalls fiel sie ihren Lehrerinnen sofort auf. »Ich habe das Gefühl, dass dich heute gar nichts interessiert!« sagte eine Lehrerin. Nina antwortete: »Wahrscheinlich liegt es daran, dass ich Geburtstag habe.« Sie entschuldigte sich, denn sie wollte niemanden ärgern.

Ninas Fest nachmittags war ein Erfolg. Sie hatte viele Gäste, die ihr zum Geburtstag gratulierten. Von ihren Eltern bekam sie ein Kleid, einen Ring und einen Rock. Alle Sachen musste sie sofort anprobieren. Sie passten gut. Von ihren Freundinnen kriegte sie Filzschreiber in allen Farben, einen Füller und Spiele. Sie freute sich, dass es allen bei ihrer Feier gefallen hat.

Unser Fernseher ist kaputt (143 Wörter)

Eines Abends will Vater die Berichte aus aller Welt und das Wetter sehen. Er macht den Fernseher an. Allerdings spielt der verrückt. Es ist gar nichts zu sehen. Vorsichtig probiert Vater noch einige Male. Aber das Problem bleibt. Vater ist der Meinung, dass vielleicht jemand aus der Familie aus Versehen etwas nicht richtig gemacht hat, denn es kommt überhaupt nichts. Das ist schon öfter passiert. Schließlich gibt Vater auf. Er ärgert sich, denn nun muss er in dem Geschäft, wo wir den Fernseher gekauft haben, Bescheid sagen, dass sie herkommen und ihn ankucken. Dabei ist der Fernseher erst sechs Monate alt. Jedenfalls sucht Mutter sofort die Karte des Geschäftes, damit Vater morgen telefonieren kann und weiß, welche Nummer er wählen muss. Wenn er dann am Abend nach Hause kommt, kann er erst Fußball und dann den spannenden Film ansehen.

Beim Frühstück (147 Wörter)
Es muss morgens beim Frühstück immer alles besonders schnell gehen. Jeder von der Familie will so lange wie möglich im Bett liegen und nicht wach werden. Dort ist es nämlich morgens am besten. Nur Vater ist schon lange fertig und fährt weg. Die Kleinen haben überhaupt keine Lust, zur Schule zu gehen. Mutter muss sie einige Male rufen und schließlich aus dem Bett in die Küche ziehen. Dort stehen schon die vollen Tassen und die Brote auf dem Tisch. Aber sie wollen nichts essen, dagegen haben sie großen Durst. Die Sachen von gestern sind dreckig. Nun rennen sie quer durchs Haus, um neue zu suchen. Mutter kuckt auf die Uhr und weiß genau, dass die Kinder den Bus nicht mehr kriegen werden. Dabei haben sie sich noch gar nicht gewaschen! Mutter meint: »Wann wird es bei uns einmal passieren, dass wir gemütlich beim Frühstück sitzen?«

Eine schlimme Klasse (142 Wörter)
Unsere Klasse ist zur Zeit ganz schlimm. Die Lehrer wissen gar nicht, was plötzlich mit uns los ist. Sie finden uns anstrengend und wenig artig. Jeden Tag hat jemand etwas vergessen: Bücher, Hefte, Füller oder Filzschreiber sind zu Hause oder die Arbeiten nur angefangen und nicht fertig. Was muss nur geschehen, damit wir endlich einmal unsere Gedanken zusammen haben? Darauf können wir nicht viel antworten.
In letzter Zeit gibt es auch ziemlich viel Lärm und Streit. Manchmal ziehen wir die Mädchen an den Haaren oder zerreißen ihre Hefte. Aber das machen wir meistens nicht absichtlich, sondern nur aus Versehen. Eigentlich wollen wir sie nur ein bisschen ärgern oder erschrecken. Die Mädchen passen nämlich immer gut auf. Das bedeutet auch, dass sie öfter eine Belohnung bekommen als wir. Sie haben eben manchmal mehr Lust als wir, sich beim Lernen anzustrengen.

Wir haben einen jungen Hund (162 Wörter)
Tim, unser Hund, wurde immer älter. Er war zwar noch so artig wie immer, allerdings passte er nicht mehr so gut auf. Auch waren seine Zähne nicht mehr kräftig genug, um gar Knochen zu fressen. Er fraß nur noch Fleisch und musste sich beim Laufen oft sehr anstrengen. Eines

Abends wollte sein Herz nicht mehr und er fiel tot um. Die ganze Familie war tief traurig. Es sind viele Tränen geflossen. Wir hatten dann eine Weile keinen Hund. Das war sehr komisch, denn wir hatten alle das Gefühl, als würde uns etwas fehlen. So fuhren wir dann eines Tages extra in eine andere Stadt, um einen jungen Hund zu holen.
Am Anfang fiel es mir ziemlich schwer, unter den jüngeren Hunden einen zu entdecken, der Tim im Aussehen und Verhalten am nächsten kam. Wir haben wirklich nicht gewusst, welchen Hund wir wählen sollten. Einer war besonders süß und mutig. Damit war das Problem praktisch aus der Welt.

Im Zoo (166 Wörter)
Im Zoo leben viele Tiere aus fremden Ländern. Wir sind früh aufgestanden, um eine Menge sehen zu können. Vorher bezahlen wir an der Kasse den Preis für eine Eintrittskarte. Sie ist ziemlich teuer. Überall hängen Texte, in denen steht, wie die Tiere heißen und wo sie herkommen. Die Löwen sind nirgends zu sehen. Das bedeutet sicher, dass sie gerade gefüttert werden. Inzwischen kucken wir nach den Bären. Sie leben in einer hohen Höhle. Wir sind ganz ruhig, damit wir sie nicht erschrecken. Sie werden gerade mit Fisch gefüttert.
Die Affen lieben jeden Gast. Sie machen Lärm, schreien und sammeln alles ein, was sie kriegen können. Einem Mann reißen sie den Hut vom Kopf. Der macht vielleicht ein Gesicht! Sie klettern damit hoch auf einen Baum hinauf. Dann kriegen sie irgendwie Streit und zerreißen den Stoff. Wir wünschen, dass unser Besuch nicht nur so kurz wäre. Aber zu Hause können wir viel berichten. Wir sind der Meinung, wir sollten öfter hierher in den Zoo gehen.

Ein schlimmer Unfall (161 Wörter)
Ein Stück unserer Straße wurde neu gemacht. Um die Stelle, an der die Bauarbeiten waren, hatte man einen Zaun aus Holz gebaut, der quer zum Verkehr stand. Öfter hatten Kinder schon versucht, daran vorsichtig hochzuklettem, um wenigstens neugierig einen Blick auf die andere Seite zu werfen. Das war zwar verboten, trotzdem machte es Spaß, auch wenn die Kleinen sich dadurch die Haut am Knie verletzt und ihre

Hosen dreckig gemacht hatten. Wie schon einige Male, wollten sie auch heute wieder klettern. Ein Fahrer hatte aus Versehen nicht richtig aufgepasst und konnte nicht mehr bremsen. Er fuhr gegen den Zaun. Der Zaun bewegte sich und brach zusammen. Der Junge, der daran hing, fiel schließlich auf die Mitte der Straße und schrie laut. Der andere konnte sich mit Erfolg zur Seite retten, bevor es gefährlich wurde. Eine Menge Leute kam zu Hilfe und kurz darauf lag der verletzte Junge im Krankenhaus. Er hatte sich beide Füße und mehrere Finger gebrochen.

Ein Spaziergang mit Tim (178 Wörter)
Seit Mutter wieder im Beruf ist, muss Nina mittags selber dafür sorgen, dass Tim an die Luft kommt. Meistens hat sie dazu aber keine Lust, wenn sie aus der Schule kommt. Tim freut sich wie verrückt und macht Lärm, um zu zeigen, dass er gleich los will. Nina wird ihn doch nicht vergessen? Er zieht so an der Leine, als wolle er sie zerreißen. Bevor es richtig losgeht, muss Nina der Nachbarin Bescheid sagen, dass sie wieder zu Hause ist. Sie läuft mit dem Hund eine große Runde durch den Park. Tim will überall stehen bleiben und schnuppern. Er kann nicht wissen, dass Nina noch zum Bäcker muss, bevor der schließt. Als sie ankommt, ist die Bäckerei noch offen. Oft läuft Tim weg, wenn es ihm zu lange dauert, deshalb bindet Nina ihn an. Einmal wollten ihn andere Kinder absichtlich ärgern und anfassen. Tim liebt das nicht. Er hätte sie beinahe gebissen. Heute dagegen ist nichts geschehen. Tim bekommt gleich eine Belohnung. Das findet Tim am besten und frisst alles auf. Nichts bleibt übrig.

Grundwortschatz für Klasse 6: 208 Wörter

Abends
Advent
der Älteste
fing an
angefangen
Ängste
ängstlich
Album
Aufregung
auseinander
Ausnahme
außen
außer
außerdem

Baby
Bad
basteln
begonnen
biss (er)
bekam
besetzt
nichts Besseres
bestimmt
betteln
beweisen
Bild
ich bin
du bist
bitten
bat
blieb
blinzeln
brennen
bücken

Christ

Damals
darüber
darum
davon
Decke
deutlich
deutsch
Ding
doof
drinnen
drohen
drücken
durfte
durstig

Ebenso
echt
ehe
eigene
einzeln
entfernt
entgegen
enttäuscht
Erde
erfinden
erinnern
erklären
erlaubt
Erlebnisse
im Ernst
erstaunt
erwidern
isst (er)
gegessen
Europa

Fabrik
falls
falsch
fangen
fing
fast
fleißig
floss
fort
Foto
freundlich
Frieden
friedlich
froh
früher
frühstücken
fühlen
fürchterlich
furchtbar

Geboren
Gegend
gemeinsam
genau
genießen
gerade
geschah
gewesen
gießen
gießt
Gott
am größten
Gruppe

Hält
hängt
die Hauptsache
heben
hob
heißt
hieß
am höchsten
hungrig sein

Immer noch
irren

Jemals

Kampf
kennen
Kerze
Kirche
Kissen

kleben
Krieg

Leuchten
liegen
  lag
Loch
Löcher

Markt
am meisten
die meisten
möglich
ein Moment
Musik

Niemals
Noten

Öffnen
Ordnung

P das Paar
  (Schuhe)
pfeifen
  pflanzt
pflegen
planen

Quatsch
quietschen

Rasen
raste
Recorder
  reißt
Ruhe
rutschen

Schauen
scheinen
  schien
Schere
schief
schimpfen
schlagen
  schlägt
schlecht
Schloss
schmecken
schmutzig
am schönsten
  schrieb
Schuld
selbstständig
sich setzen
  setzt
Sohn
sprechen
springen
  sprang
Staat
Stamm
Stimme
stolz
stoßen
  stieß
stürzen
  gestürzt

T ein Teil
treffen
treten
  trat
turnen

Ungefähr
Unterricht

Vergisst
  vergaß
verlieren
  verlor
verraten
verschwinden
verstehen
vormittags
vorn
vorüber

Wärme
Weg
Weihnachten
wenig
werfen
  warf
wichtig
wild
  wusste

Zahlen
zerbrechen
  zog
Zwang

Diktate für Klasse 6

Weihnachten (168 Wörter)
Im Winter feiern die Christen ihr größtes Fest: Weihnachten. Vier Wochen vorher beginnt der Advent. Zuerst leuchtet nur eine einzelne Kerze. Jede Woche brennt dann eine mehr. Die Menschen sitzen drinnen in ihren Häusern und genießen die Wärme, den Frieden und die Ruhe. In vielen Gegenden ist vor Weihnachten ein besonderer Markt. Dort kann die Familie gemeinsam Geschenke kaufen.
Manchmal dürfen die Kinder selbständig den Weihnachtsbaum aussuchen. Sie achten darauf, dass der Stamm besonders gerade ist. Am meisten sind sie dann stolz, wenn die Eltern erklären, dass sie den Baum ebenso schön finden.
Am 24. Dezember ist der Weihnachtsabend. Die deutschen Kinder bekommen ihre Geschenke und sind in großer Aufregung. Für die meisten ist das die Hauptsache.
Eigentlich ist das aber falsch. Das Fest soll daran erinnern, dass Gottes Sohn geboren wurde. Deshalb machen sich viele Menschen abends auf den Weg in die Kirche und denken daran, was damals geschah. Sie fühlen sich froh und friedlich und bitten darum, dass Krieg und Kampf aus unserer Welt verschwinden.

Ein Arbeitstag im Garten (172 Wörter)
Die ganze Woche war Regen gefallen. Immer wenn man aus dem Fenster sah, floss der Regen bloß so daran herunter. Das Wetter war kalt und nass. Dicke Wolken zogen am Himmel vorüber. Ohne die Sonne wollte nichts richtig wachsen. Nur dem Gras bekam der Regen gut.
Am Donnerstag jedoch änderte sich plötzlich das Wetter. Es wurde warm. Mutter meinte: »Wahrscheinlich kann ich morgen in den Garten gehen.« Sie war nämlich in der Baumschule gewesen und hatte eine Menge Pflanzen gekauft: Blumen, Obstbäume und Gemüse.
Heute nun scheint die Sonne kräftig. Ralf ist zuerst draußen, denn er will selbständig das Gras schneiden. Bald kommt Mutter auch. Sie hat vom Küchenfenster aus gesehen, dass ihr Sohn schon fleißig ist.

Gemeinsam arbeiten sie mehrere Stunden im Garten. Als Ralf mit seiner Arbeit fertig ist, kommt er und hilft seiner Mutter. Er pflanzt die jungen Obstbäume ein. Dazu macht er tiefe Löcher in die Erde, in denen die jungen Pflanzen genug Platz haben. Obwohl die Arbeit anstrengend ist, macht sie trotzdem Spaß.

Zu spät (175 Wörter)
Der Tag fing gar nicht gut an. Wieder einmal war Ralf zu lange im Bett geblieben. Einige Male hatte er zwar Mutters Stimme gehört, aber morgens ist es im Bett am schönsten. Er hatte kurz geblinzelt, ob die Sonne schien, und war dann wieder eingeschlafen. Als Mutter jetzt ganz wütend in sein Zimmer trat, wusste er gar nicht mehr, was los war.
Ralf sprang aus dem Bett, warf sich einen Pullover über und rannte zum Bad. Das war jedoch immer noch von seiner Schwester besetzt. Ralf bat sie zu öffnen, aber er bekam keine Antwort. Er fand seine Schwester doof; die würde sich niemals ändern! Ralf blieb einen Moment stehen und dachte nach, damit er nichts vergaß. Ja, eine Schere war noch wichtig, denn in der Schule wollten sie heute basteln. Ein Blick auf die Uhr sagte ihm, dass die Schule schon lange begonnen hatte. Dabei hatte er noch nichts gegessen! Aber eigentlich war er auch nicht hungrig, deshalb musste er nicht frühstücken. Also verlor er keine Zeit mehr und raste zum Bus.

Urlaubsfotos (172 Wörter)
Jedes Jahr nach den Ferien kleben wir die Fotos, die wir im Urlaub gemacht haben, in unser Album ein. Das ist eine Arbeit, die richtig Spaß macht. Man kann sich besonders gut an den Urlaub erinnern und einzelne Dinge noch einmal genau ankucken. Wir schreiben auch kleine Texte zu den Bildern, damit man wichtige Erlebnisse nicht vergisst.
Wenn wir fertig sind, schauen wir noch vorn im Album die Fotos an. Weißt du noch, wie Vater in dem Fluss ein Paar Schuhe verlor? Und wie heißt denn bloß noch dieser deutsche Berg, auf den wir in der größten Hitze geklettert sind? Mutter war ganz schön erschöpft und

sie musste sich dann erst einmal setzen. Schau, sie sieht fürchterlich müde aus.
In unserem Album sind Bilder aus fast allen Staaten und Gegenden Europas. Dort sind wir überall schon gewesen. Hier isst Ralf das größte Eis, das er jemals gegessen hat. Es hieß, er habe es nur unter Zwang aufgegessen. Vater hatte ihm das vorher angedroht, falls seine Augen größer waren als sein Mund.

Das Essen ist nicht fertig (183 Wörter)
Ob Mutter sich heute nicht ein bisschen viel vorgenommen hat? Sie will Haus und Garten besonders pflegen. Zuerst reißt sie die Betten auseinander und bringt alles nach draußen an die Luft und in die Sonne.
Inzwischen ist in der Küche die Waschmaschine fertig. Mutter hängt die Wäsche im Garten auf. Weil die Sonne so schön warm scheint, bleibt sie gleich draußen und pflanzt die Bäume ein, die sie gestern in der Baumschule gekauft hat. Sie vergisst auch nicht, sie tüchtig zu gießen. Außerdem gießt sie die Blumen vor dem Haus gleich mit.
Danach setzt sie sich erst einmal hin und macht es sich bei einer Tasse Kaffee gemütlich. Sie ist glücklich und fühlt, dass sie heute schon richtig fleißig war.
Schließlich setzt sie ihre Arbeit in der Wohnung fort. Die Zeit fliegt nur so davon. Am Mittag, als die Kinder hungrig nach Hause kommen, ist das Essen noch nicht fertig. Wie ist das möglich? Mutter hat es wirklich vergessen. Aber das ist nicht schlimm. Es gibt Quark und Obst. Das wird bei dem heißen Wetter sehr gut schmecken.

Sportunterricht (181 Wörter)
Sport ist unser Lieblingsunterricht. In den ersten Minuten rasen wir wild durch die Halle, machen richtig Lärm und quietschen. Man kann fast nichts mehr verstehen. Dann setzen wir uns in den Kreis. Der Lehrer schlägt vor, was wir heute machen wollen. Es ist fast immer interessant.
Manchmal können wir beweisen, wer am höchsten klettern kann. Dabei darf man nicht ängstlich sein. Oft erfinden wir auch neue Spiele.

Besonders schön ist es zu rutschen. Wenn das Wetter schlecht ist, müssen wir in der Halle bleiben und turnen.
Bei gutem Weiter betteln wir, dass wir draußen turnen dürfen. Dann werfen und springen wir. Oft erlaubt unser Lehrer ein Spiel gegen eine andere Klasse. Die wollen wir natürlich gerne schlagen. Viele Kinder stehen da und schauen zu. Unser Lehrer pfeift das Spiel. In der anderen Klasse ist ein Junge, der hält jeden Ball. Wenn wir verlieren, scheinen wir ziemlich traurig zu sein. Es stimmt, dass wir im Fußball noch viel lernen müssen. Aber für das Zeugnis macht uns Sport keine Angst. Unser Lehrer konnte bisher in diesem Fach immer richtig gute Noten schreiben.

Ralf macht Ordnung (196 Wörter)
Immer gibt es Streit in der Familie, weil Ralf in seinem Zimmer keine Ordnung macht. »Von unseren Kindern bist du der Älteste und die große Ausnahme. Vielleicht denkst du dir nichts Böses dabei, aber alles bleibt irgendwo auf der Erde liegen. Du musst doch selber merken, dass man nicht zum Fenster gehen kann, ohne sich zu stoßen. Du bist doch kein Baby mehr!« schimpfte Mutter. »Ich möchte dich bitten, endlich einmal die fürchterliche Unordnung aufzuräumen. Sonst muss ich damit drohen, Vater etwas zu erzählen. Ich bin wirklich enttäuscht von dir.«
Das war deutlich genug. Ralf durfte sich nicht länger drücken. Also biss er die Zähne zusammen und stürzte sich unter Zwang in die Arbeit. Wenn er sich nicht irrte, musste Vater ihm nämlich noch das Geld für diesen Monat zahlen.
Gleich vorn stieß er auf ein Paar Schuhe und seinen Pullover. Decke und Kissen lagen nicht weit entfernt. Ralf fing an, bückte sich und hob alle Dinge auf. Als er das Schloss vom Schrank öffnete, kamen ihm schmutzige Kleider entgegen. »Eigentlich ist es meine Schuld. Ich sollte aufräumen, ehe ich nicht mehr durchs Zimmer gehen kann. So sieht es hier viel freundlicher aus.«

Klassenfest (200 Wörter)
Ungefähr einmal im Jahr machen wir ein Klassenfest. Früher haben die Lehrer für uns geplant. Jetzt sind wir größer und haben eigene, interessante Ideen. Also setzen wir uns zusammen und zerbrechen uns den Kopf.
Wir sprechen darüber, ob wir schon vormittags beginnen sollen. Einige Male haben wir so früh angefangen, und ich weiß, wir werden bestimmt hungrig und durstig sein. Also werden wir zusammen frühstücken.
Viele wollen außer Quatsch nichts anderes machen. Sie sind erstaunt, als wir fragen, ob sie nichts Besseres wissen. Sie erwidern, dass sie das nicht im Ernst gemeint haben.
Nun bekommen die einzelnen Gruppen ihre Aufgaben. Einige wollen das Essen kaufen. Sie müssen aber daran denken, dass wir furchtbar wenig Geld haben. Sie wollen in der Fabrik fragen, wie billig wir Würstchen kaufen können. Feuer wollen sie außen vor dem Klassenfenster machen.
Die Gruppe für die Spiele ist am größten. Ein Teil will sich noch einmal treffen, weil sie außerdem noch andere Ideen haben. Sie verraten aber nichts.
Eine Gruppe hat sich auf die Musik gestürzt. Das ist ja auch wichtig. Sie will außerdem für einen Recorder sorgen. Die jetzt noch übrig sind, kucken schief und schimpfen. Sie müssen nach dem Fest für Ordnung sorgen.

Bezugsnachweis für die »Nessi-Rechtschreibkärtchen«:

Wenn Sie weitere »Nessie-Kärtchen« bestellen möchten, wenden Sie sich bitte an folgende Adresse:

> Gesellschaft für Tiefensuggestion
> Postfach 72 13
> 58610 Iserlohn

Der Preis beträgt DM 6,00 je 100 Stück (zuzügl. Porto: DM 3,00 bei 100 Kärtchen, DM 4,00 bei 200 und 300 Kärtchen und DM 5,00 ab 400 Kärtchen). Der Einfachheit halber überweisen Sie den entsprechenden Betrag per Zahlkarte oder Bank-Überweisung (Stichwort »Nessi-Kärtchen«) auf das Postgirokonto Nr. 5932-469 beim Postgiroamt Dortmund (BLZ 440 100 46).

Bezugsnachweis für die Entspannungs-CD »Immer besser im Diktat«:

Die Entspannungs-CD können Sie unter derselben Anschrift bestellen wie die »Nessie-Kärtchen«.

Die CD kostet DM 29,50 (zuzügl. Porto: DM 3,00). Einfachster Weg: Vorauszahlung durch Zahlkarte oder Überweisung (Stichwort: »CD«) auf das oben genannte Postgirokonto.

Alle Bestellungen ohne Vorauszahlung werden per Nachnahme (zuzügl. Nachnahmegebühr) ausgeführt.

Weiterführende Literatur

Beuschel-Menze, Helga / Menze, Frohmut: *So schreibt man das jetzt! Die neue Rechtschreibung,* Rowohlt TB, Reinbek b. Hamburg 1996

Endres, Wolfgang / Elisabeth Bernard: *So ist Lernen klasse. Der beste Lernweg für mein Kind,* Kösel, München, 3. überarb. Aufl. 1999

Endres, Wolfgang / Elisabeth, Bernard: *Voll bei der Sache. Das Konzentrationsprogramm für Kinder. Ein Elternratgeber,* Kösel, München, 3. Aufl. 1999

Fischer-Tietze, Renate: *Dumme Kinder gibt es nicht. Warum Lernstörungen entstehen und wie man helfen kann,* Kösel, München 1997

Gordon, Thomas: *Familienkonferenz,* Heyne TB, München 1989

Haas, Irmgard: *Andere Kinder dürfen alles. Praktische Ratschläge für die Erziehung von 3–11,* Don Bosco, München, 4. Aufl. 1995

Petermann, Ulrike: *Kinder und Jugendliche besser verstehen,* Bastei Lübbe TB, Bergisch-Gladbach 1994

Petermann, Ulrike: *Entspannungstechniken für Kinder und Jugendliche. Ein Praxisbuch,* Psychologie Verlags Union, Weinheim 1996

Prekop, Jirina / Schweizer, Christel: *Kinder sind Gäste, die nach dem Weg fragen. Ein Elternbuch,* Kösel, München, 14. Aufl. 2001

Stein, Arnd: *Wenn Kinder aggressiv sind. Wie wir verstehen und helfen können,* Rowohlt TB, Reinbek b. Hamburg 1999

Zimmer, Katharina: *Versteh mich doch bitte! Über die alltäglichen Mißverständnisse zwischen Kindern und Erwachsenen*, Goldmann, München 1997

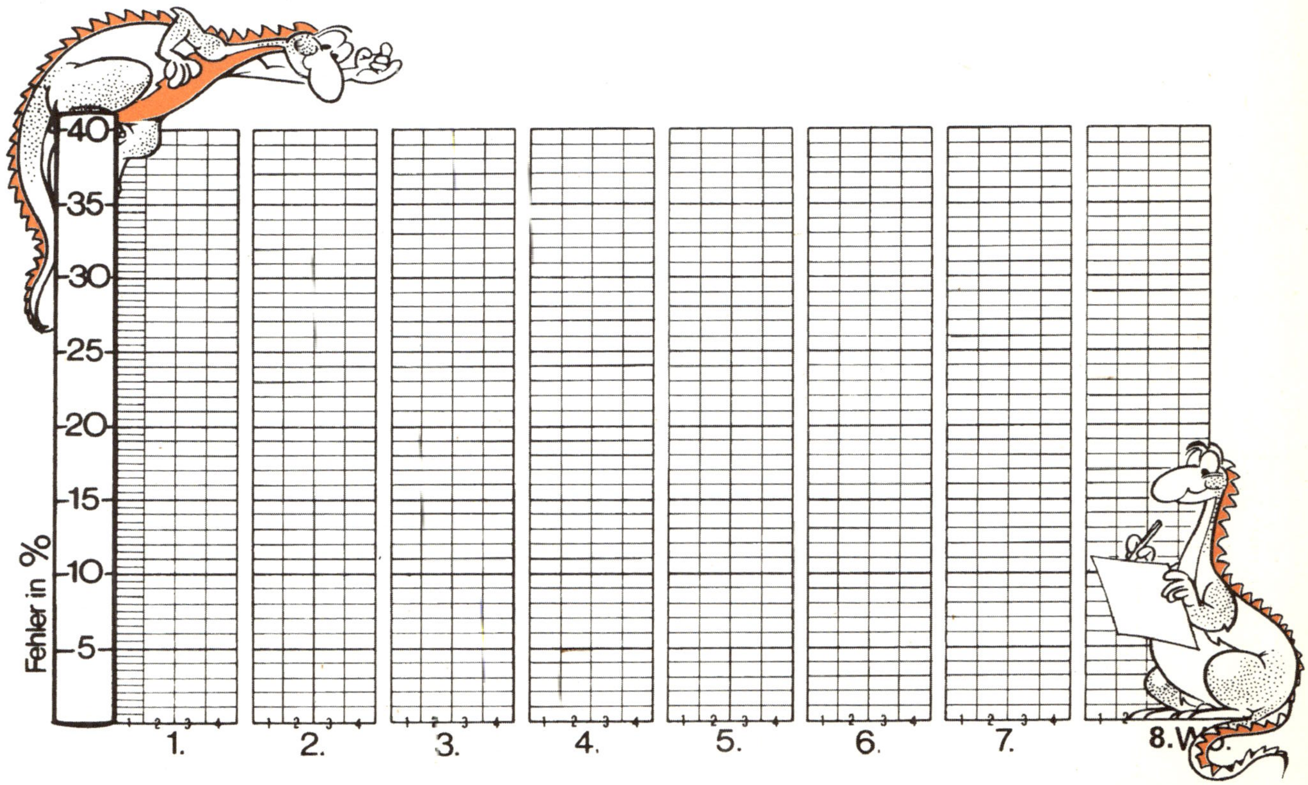
Fehler in %
40
35
30
25
20
15
10
5
1.
2.
3.
4.
5.
6.
7.
8.W

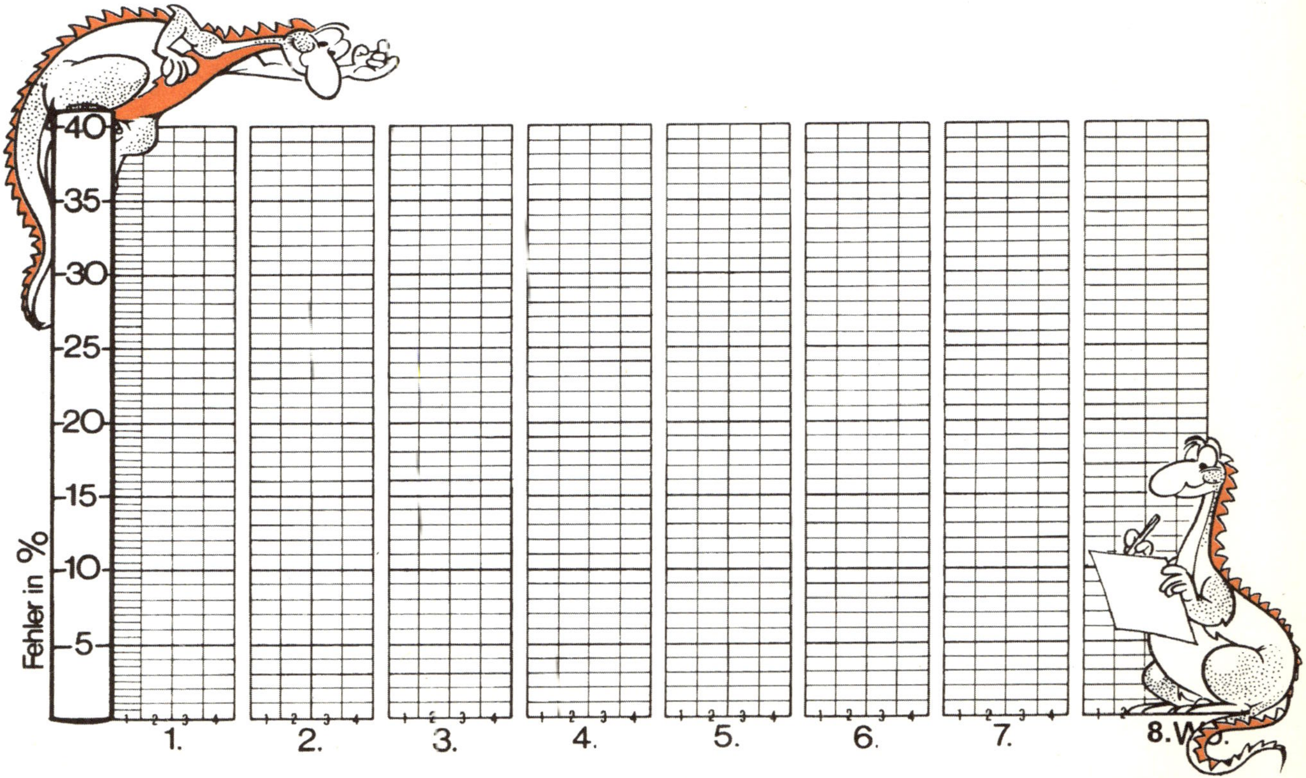
Fehler in %
40
35
30
25
20
15
10
5
1.
2.
3.
4.
5.
6.
7.
8.

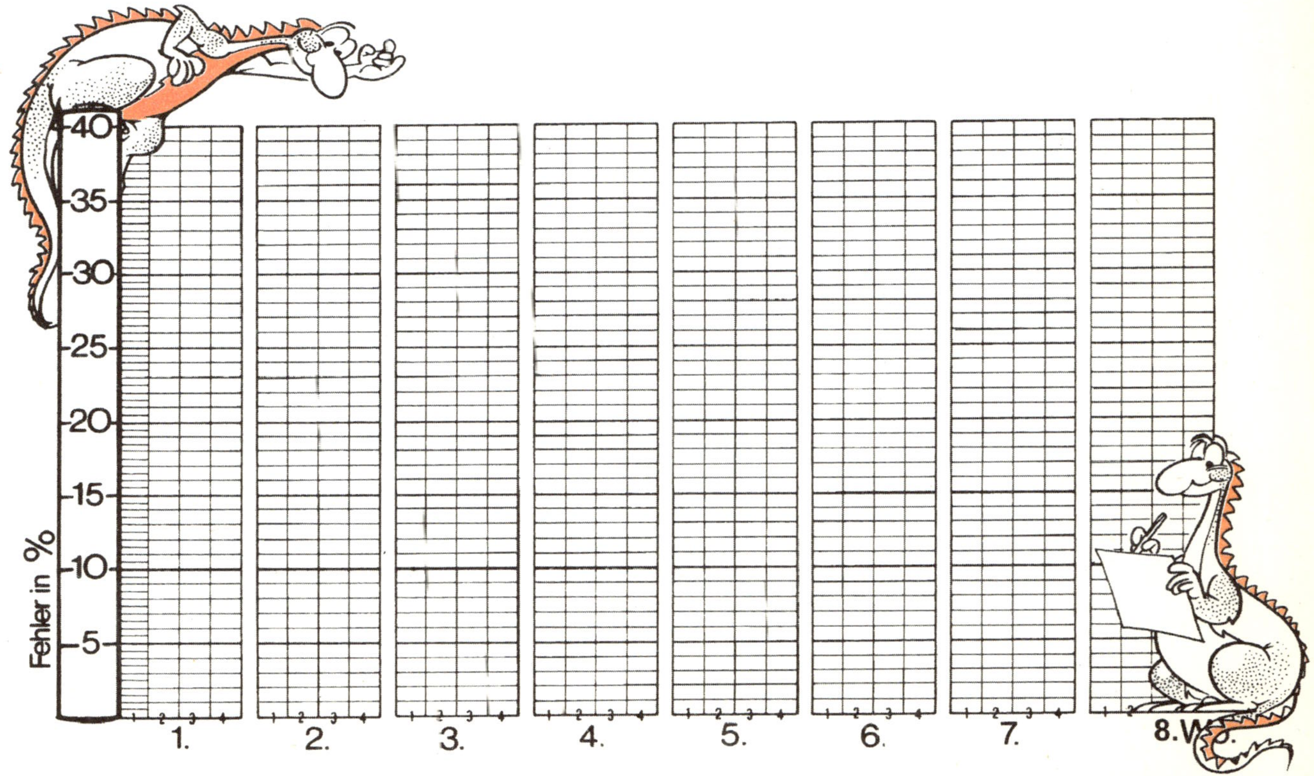

Fehler in %
40
35
30
25
20
15
10
5
1.
2.
3.
4.
5.
6.
7.
8. Wo.

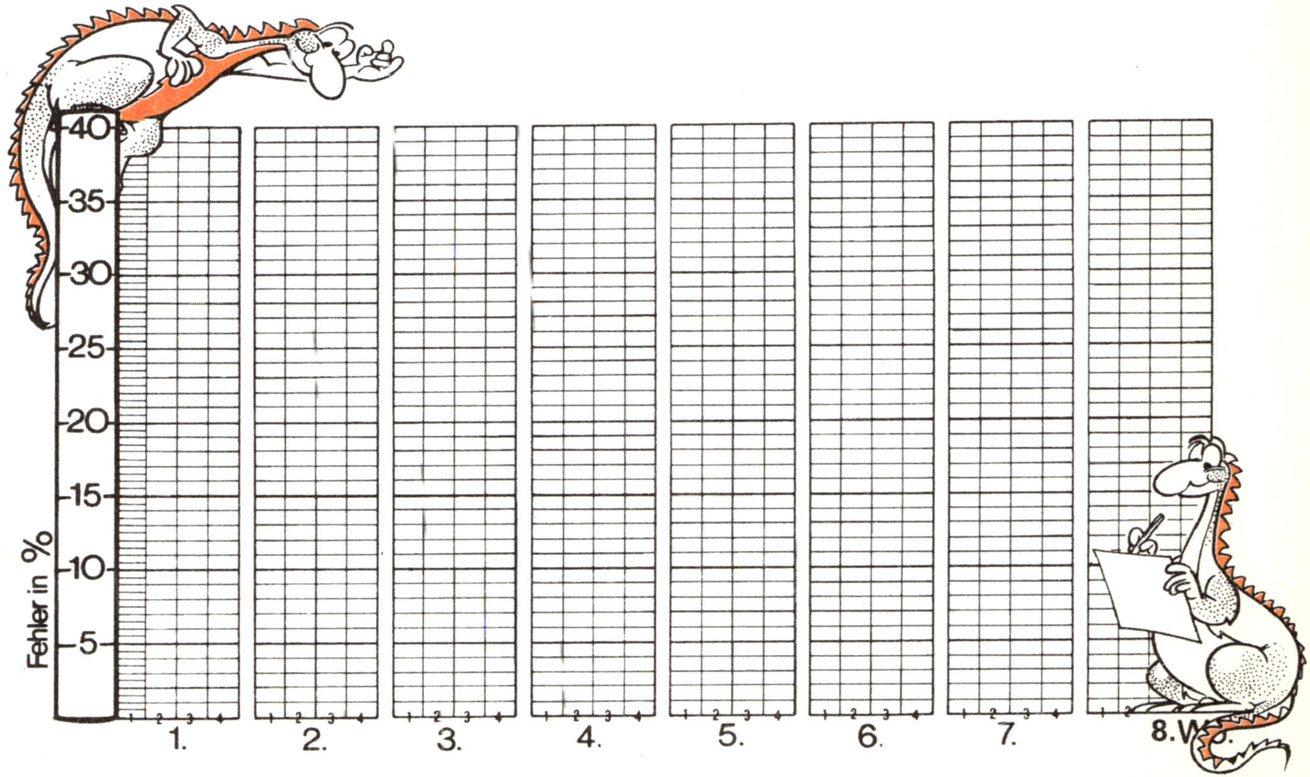
Fehler in %
40
35
30
25
20
15
10
5
1.
2.
3.
4.
5.
6.
7.
8.

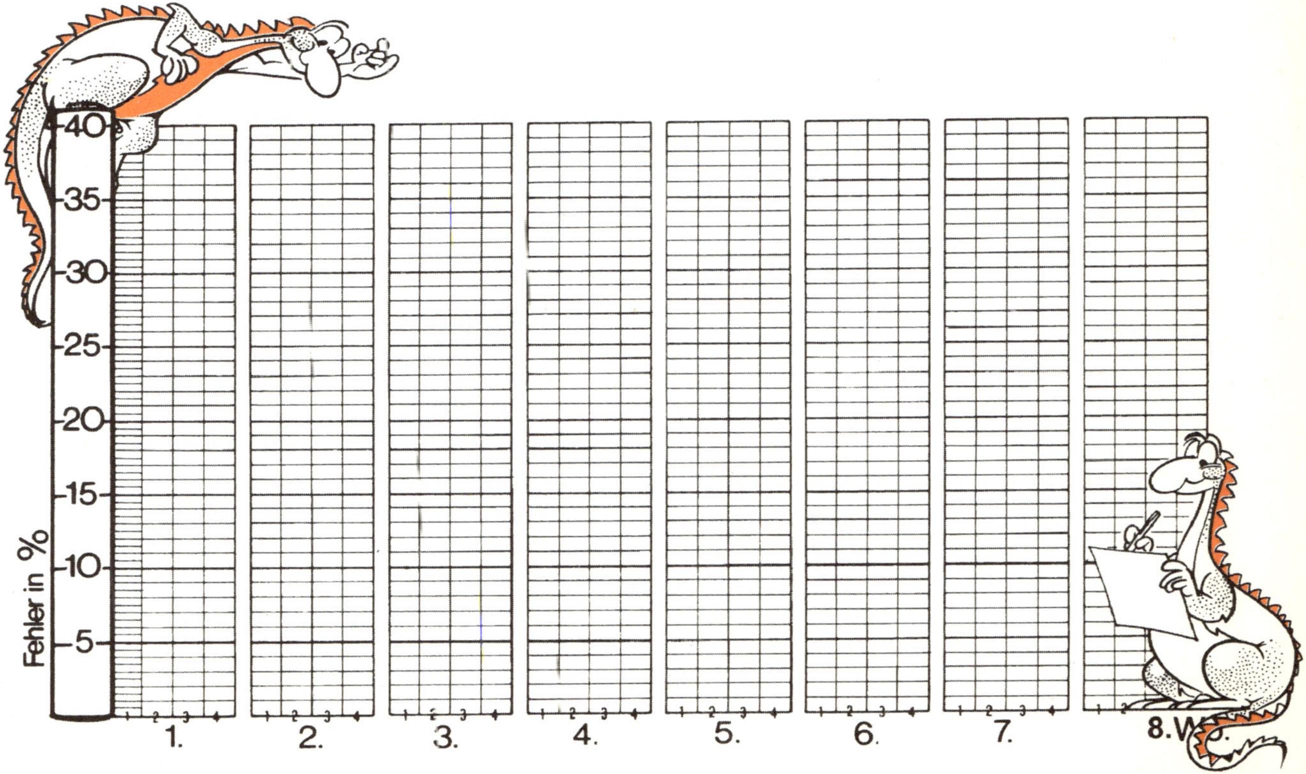
Fehler in %
40
35
30
25
20
15
10
5
1.
2.
3.
4.
5.
6.
7.
8.